MAGISTERIO

Montealegre A. Armando
    Juegos comunicativos: estrategia para desarrollar la lectoescritura / Armando
A. Montealegre. —2da.ed.— Bogotá: Cooperativa Editorial Magisterio, 1997.
    132p.: il— (Colección Aula Alegre)
    1.Lectura – Elemental - Enseñanza 2.lectoescritura – Enseñanza
    I.Tit. II. Serie
    CDD 372.6   /M66j
I. Tít. II. Serie
027.625 cd 20 ed.
AHU7721

CEP-Banco de la República-Biblioteca Luis-Angel Arango

Armando Montealegre A.

Juegos comunicativos

Estrategias para desarrollar la lectoescritura

MAGISTERIO

Juegos comunicativos

Estrategias para desarrollar la lectoescritura

© Armando Montealegre A.

Primera edición: 1995
Segunda edición: 2006
Tercera edición: 2014
Reimpresión: 2018

© COOPERATIVA EDITORIAL MAGISTERIO
Diagonal 36 Bis(Parkway La Soledad)
No. 20 - 70 PBX: 3383606 -05
Bogotá, D.C. Colombia
www.magisterio.com.co

Dirección General
ALFREDO AYARZA BASTIDAS

lustraciones
MARITZA CHÁVEZ

Contenido

Presentación

Los educadores somos, todos, trabajadores del discurso. Nuestro destino es la expresión, sea cuando damos clase, cuando escribimos, o, incluso, cuando escuchamos.

Daniel Prieto Castillo.

Lo que no se hace sentir, no se entiende, y lo que no se entiende, no interesa.

Simón Rodríguez.

prender por medio del juego ha sido una de las estrategias de gran valor, especialmente en esta época. Ello fomenta, entre otros valores, la autogestión, la singularidad (cada individuo es lo que es y como es), la autonomía, la interacción, y por supuesto, conduce a la deducción lógica de las cosas ya sea mediante el trabajo individual o colectivo. Y en este juego armónico entre la enseñanza y el aprendizaje, el papel del docente es el de animador promotor del juego, es el generador de ambientes de aprendizaje. Esta es la base sobre la que se fundamenta *Juegos Comunicativos,* tomando las competencias de las habilidades comunicativas

de la persona para proponer unas alternativas de uso con ellas, y así mejorar la calidad lectoescritoral y las actitudes de habla y escucha en el individuo.

Como el siglo XXI apunta hacia un mejor uso de estas habilidades, contando con la tecnología (con las nuevas tecnologías como herramienta o recurso mínimo), el libro presenta una propuesta de enriquecimiento del currículo haciendo énfasis en la creatividad de la persona.

Esta obra didáctica, dirigida especialmente a la comunidad educativa y por consiguiente a estudiantes, muestra un soporte teórico sustentado en corrientes sicológicas y pedagógicas. Es así como se encontrarán procesos en los que se parte de lo complejo a lo fácil, o en otros casos, de lo particular a lo general. Ello demuestra entonces la combinación de teorías para que el juego tenga una articulación más amplia y proyecte otras inquietudes en quienes dirijan y practiquen las actividades que se sugieren.

Juegos Comunicativos está dividido en cuatro capítulos. Cada uno plantea un esbozo teórico, luego una reflexión que se propone sensibilizar a partir del hecho concreto, y por último, las actividades (talleres) que se sugieren como estrategias. En algunos casos, se da prueba de las experiencias llevadas a cabo como parte de la investigación.

Amables lectores: vamos a jugar a la lectoescritura, al buen desempeño de las actitudes oral y escucha. Estamos convencidos de que si el juego se organiza de manera sistemática vinculando a todas las áreas del currículo, habrá un mayor enriquecimiento tanto de la palabra oral como escrita. Y si mejoramos en el uso de estas competencias *Juegos Comunicativos* habrá aportado elementos que nos servirán para ayudar en el mejoramiento de la calidad de la educación.

Recordemos que el profesional del siglo XXI debe tener altas competencias en lectura, en escritura, en oralidad, en interpretación y análisis de medios; en otras palabras, debe ser un eficiente comunicador, un profesional de éxito. . Y esta obra se propone ofrecer herramientas, como medio, para alcanzar ese fin.

El autor.

Capítulo 1

Lectoescritura

Generalidades

a lectoescritura se entiende como una interrelación comunicativa donde dos habilidades del lenguaje, leer y escribir, no pueden estar la una sin la otra. Hoy se habla de procesos de producción y tanto la escritura como la lectura hacen parte de tales procesos. Sin embargo, la lectoescritura se ha convertido en un problema que vamos a solucionar con propuestas de mejoramiento permanente, para ello no se trata de hacer un estudio sino de esbozar algunas estrategias concretas sobre este asunto que tanto nos preocupa.

Como método secuencial y como propuesta para cumplir nuestros objetivos de solucionar las dificultades de la lectoescritura, se tomará la teoría sobre la solución de problemas, muy aplicada en cualquier disciplina. En ese orden de ideas partimos de la base de definir qué es un problema: cuestión que se trata de aclarar; proposición o dificultad de solución dudosa. Conjunto de hechos o circunstancias que dificultan la consecución de un fin.

Si tomamos estos conceptos de la Real Academia Española, el mejoramiento de la calidad de la lectoescritura es algo que nos debemos proponer, pues es reconocida la deficiencia de la lectura y la escritura en la actividad escolar. Es más, las deficiencias de la lectoescritura se consideran como un problema bien claro, bien concreto, está definido porque existe y lo vivimos a diario. Luego, como lo conocemos, hay mayores posibilidades para resolverlo. ¿Por qué? Porque cuando se tiene especificado un problema se puede considerar con alto grado de solución, y en el caso de la lectoescritura, se puede enfrentar con sólidos argumentos, acciones, estrategias, teoría y actividades.

Tenemos que abordar el caso de la lectoescritura, entenderla, saber o averiguar datos sobre esa dificultad para que el maestro, el educando y la comunidad entren a jugar el papel de solucionadores de este problema.

¿Y cómo se soluciona un problema? Tomemos dos formas muy conocidas, sin descartar otras:

1º. *La solución por ensayo y error.* Es decir, a partir de los intentos fallidos surgen nuevas fórmulas o pautas para la solución. Esta es una alternativa muy utilizada, "ensayemos y miremos a ver qué pasa", se diría al aplicar este esquema.

2º. *La solución planeada*[1]. Con esta fórmula se busca anticipar un poco lo que va a suceder. En ella se aplica el enfoque educativo

---

1   GALVIS, P. Alvaro. MARIÑO, D. Olga. *Plan piloto de informática educativa para educación secundaria.* Santafé de Bogotá: Universidad de los Andes, p.16.

algorítmico ya que se calculan unos pasos, unas secuencias para llegar a un primer estado o a un estado final. Planear es diseñar, trazar proyectos; luego, se miden unas posibles secuencias para lograr unos resultados.

Las diferencias de la lectoescritura y su honda repercusión en la educación ha sembrado raíces, afecta de manera crítica el trabajo educativo. Ese es el problema que aborda este libro con unas propuestas de acciones interdisciplinarias, y con el método de solución de problemas que se quiera tener en cuenta. La lectura y la escritura son actividades visuales, orales, auditivas y motrices donde hay dificultades concretas.

Apreciaciones y evidencias del problema de la lectoescritura

- Hay un bajo índice de lectura en los estudiantes, en los padres de familia, en los maestros, en la comunidad.
- Hay una pobreza de vocabulario y redacción, y poco uso del diccionario.
- La ortografía presenta deficiencias.
- En la lectura y en la expresión oral encontramos bajos niveles de comprensión, interpretación, análisis, síntesis y explicación.
- Se ha descuidado el valor de la memoria en este proceso, entendida como la capacidad de retener para aplicar.
- Falta desarrollar más los valores de interés, el estímulo y la autoestima para tener en cuenta lo que el estudiante hace en el campo de la lectoescritura; en otras palabras, falta trabajar más el aspecto afectivo.
- No hay claridad entre el profesor y el estudiante acerca del lenguaje de las áreas. Cada una de ellas tiene un lenguaje propio y requiere unas pautas para su estudio y comprensión.

¿Qué diferencia hay entre las lecturas y la escritura del lenguaje matemático y el lenguaje del área de español?

¡Muchas! Es frecuente que en clase el educando ino pregunte, ¿por qué no lo hace? Tal vez por resignación, porque no comprende un lenguaje determinado, específico de cada área.

- La lectura hay que ubicarla en el currículo como requisito fundamental para obtener logros en el proceso de la enseñanza y el aprendizaje.
- Es claro que el papel de algunos medios de comunicación, especialmente la televisión, ha sido de negativo protagonismo frente a la lectura y la escritura. Sin embargo, hay que hacer uso de ellos.
- La lectoescritura repercute en la expresión oral del individuo; por tanto, hay carencias en la expresión oral, incoherencia en el uso de las ideas e incapacidad para sostener diálogos, discusiones, disertaciones.
  Se habla por aquello de la función fática del lenguaje, "hablar por hablar", sin elementos de juicio.
- ¿Cuántos libros lee un colombiano? Las estadísticas lo dicen: no llega a un libro en el año. *(Según Fundalectura, el consumo para los jóvenes es muy bajo).* El libro en nuestro país no hace parte de la canasta familiar, y las razones son obvias. Se requiere una cultura del libro.
- Falta planear una alfabetización o capacitación de maestros para que ellos irradien elementos que tiendan a mejorar las diferencias entre lectura y escritura. Esa alfabetización compete a todas las áreas, luego, no es exclusividad de los profesores de español, ya que la lectura y la escritura no son propiedad de esta área. Algo se está haciendo, pero falta aún.
- Los estudiantes requieren profesores que les muestren la importancia de la lectura proporcionándoles situaciones reales de encuentro con los textos.

- Hay algunos planes concretos para el uso de las bibliotecas escolares y públicas. La biblioteca debe ser un agente dinámico, de influencia en la comunidad, y por supuesto, el bibliotecario tiene que ser un agente dinamizador, promotor y formador de lectores. La biblioteca fue creada para los lectores, no solamente para guardar libros.

- De alguna manera se ha descuidado el uso del cuaderno para que cumpla la función en beneficio de la lectoescritura.

  Este instrumento sí es la primera obra literaria del niño, como lo afirma el Doctor José Bernardo Toro. Se debe rescatar la función del cuaderno como aquellas páginas en que el estudiante plasma con dedicación, amor y entusiasmo sus gustos literarios. Es muy importante decirle al estudiante, "Lea su cuaderno", "escriba en su diario de campo".

- Se lee por obligación, más no por placer, por acontecimiento. La obligación causa ansiedad, y la ansiedad jamás puede ser una fiel compañera de la lectura y la escritura. Debemos hacer de la lectoescritura un acto placentero que nos lleve a la recreación en las distintas áreas del currículo.

- En muchas ocasiones nos encontramos con el hecho de que determinado estudiante, al leer en voz alta, omite letras, sílabas, palabras, se pierde del renglón. Otro caso es el de el estudiante que presenta errores de ortografía al redactar. Y también es común encontrar estudiantes que se fatigan al leer. Son problemas que afrontaremos a lo largo del texto ya que el maestro es un generador y solucionador de problemas.

Hay otras apreciaciones y evidencias sobre la lectoescritura y sus problemas. Démoslas a conocer para así tener más elementos de juicio con el fin de mejorar en este campo.

Para ayudar a solucionar las dificultades que se han planteado es necesario revisar los métodos pedagógicos debido a que este libro propone estrategias para las áreas del currículo. Como vamos a solucionar el problema de la lectoescritura deben ponerse a disposición de ese reto los modelos pedagógicos que nos permitan hacerlo. Compete entonces cuestionar nuestra actitud como maestros, como estudiantes, como lectores, como productores de textos y como trabajadores de esquemas pedagógicos que aportan elementos para solucionar esta deficiencia.

Enfoques educativos

Recordemos que en la escuela tradicional lo más importante es "la enseñanza". Hoy se plantea que la actividad del maestro se da a partir de la actividad del estudiante. El educando construye el conocimiento con base en la experiencia y en la interacción que lleva a cabo con el entorno. Esta es la razón que nos conduce a afirmar que para buscar un mejoramiento de la calidad lectoescritora, como educador debo revisar primero mi enfoque educativo. Cualquier intento que se haga para buscar mejorar la calidad en la lectoescritura no tendrá los mismos resultados sin una aprehensión de un enfoque educativo, de saber con qué teoría se pretende obtener un mejor nivel en el asunto que tratamos. O si es necesario combinar diferentes enfoques o teorías. Lo importante es cuestionarnos acerca de nuestro quehacer pedagógico en torno de la lectoescritura puesto que "Los aprendizajes cambian con el tiempo y las situaciones"[2].

---

2   CHARRIA de A. MARIA. GONZALEZ, G. Ana. *Hacia una nueva pedagogía de la lectura.* Procultura-Cerlalc. Bogotá: 1993, p.10.

Este libro fundamenta su propuesta de talleres en soportes teóricos que han dado valiosos resultados. Parte de esa teoría señala la creación de ambientes de aprendizaje, y de la heurística como teoría de la invención y del juego. Muchos de nosotros hemos utilizado en algunos momentos fórmulas o juegos creativos con óptimos resultados. Además, por las mismas situaciones que vive el mundo de hoy, lo lúdico debe hacer parte del proceso educativo.

Reflexión

- *¿Recuerda a su profesor o profesora que le enseñó a leer y a escribir?*
- *¿Qué recuerda de él o de ella?*
- *¿Cómo le enseñó la lectoescritura?*
- *Después de tantos años ¿qué tal es su nivel de redacción y de lectura?*
- *¿Cuánto gasta en libros para leer?*
- *¿Cómo fomentar la cultura del libro?*

Enfoque educativo algorítmico

Algorítmico: (Del árabe). Sobrenombre del célebre matemático Mohamed ben Musa. Conjunto ordenado y finito de operaciones que permiten hallar la solución a un problema.

Este enfoque plantea que el educando debe asimilar al máximo las enseñanzas del maestro; el estudiante es un depositario del modelo del pensamiento que manifiesta el profesor. El educador define qué debe aprender el estudiante, por qué, para qué, hasta dónde se le debe enseñar. Hay un control por parte del maestro. Las fuentes y los materiales son el profesor. Este modelo aún persiste.

Se inculca un aprendizaje reproductivo. Nos preguntamos sobre este enfoque: ¿Permite el análisis, la síntesis, el aspecto afectivo? Pensemos en el caso de la lectoescritura como ayudante de solución.

Este enfoque tiene sus raíces en la escuela tradicional.

Parte del no saber al saber, de lo simple a lo complejo. ¿Cómo aprendimos a escribir? Primero aprendimos a coger el lápiz, fijamos trazos, formamos palabras a partir de conocer primero las vocales, luego las consonantes. En este enfoque la evaluación se da por objetivos y el proceso es enseñanza-aprendizaje.

Enfoque educativo heurístico

(Del griego *heuristikós*. De *heurein*: hallar, encontrar, descubrir, adquirir). *Heurística*: perteneciente o relativo al arte de inventar, de descubrir o hallar; también es un principio general para resolver problemas.

Este enfoque plantea que el aprendizaje se logra por discernimiento a partir de situaciones experienciales o conjeturales, por descubrimiento de aquello que interesa aprender.

A diferencia del anterior, el aprendizaje no se da mediante transmisión de conocimientos. El maestro debe favorecer el desarrollo de las capacidades de autogestión en el aprendiz. El docente enseña, lo que sucede es que el conocimiento no es proporcionado directamente por el maestro al estudiante. Este enfoque se propone aprender a lidiar con los fracasos, intentar diferentes alternativas, aceptar retos, qué puede y qué no puede hacer la persona. En el caso de la lectoescritura, aceptar lo que el estudiante escribe, cómo ve él el mundo.

Finalmente, el enfoque plantea valernos de ambientes educativos ricos, placenteros, con claros propósitos y buenas guías de trabajo.

Esos ambientes hay que crearlos. Como método parte de lo complejo a lo simple. El individuo construye aprendizajes a lo largo de la vida. En el caso de la lectoescritura éste debe formar al individuo como ser autónomo, que le permita decidir qué es lo que quiere leer, sobre qué quiere escribir, en qué momentos y en qué circunstancias

Reflexión

El docente le dice a dos estudiantes que en una página de su cuaderno redacten un comentario sobre los problemas de su barrio. El estudiante Pedro se ciñó a lo que le exigió el maestro; la alumna Amparo escribió una historia novelada en cuatro páginas sobre cómo un bus se estrelló contra una pared de una cafetería por falta de un semáforo. El estilo de Amparo es jocoso y tiene un lenguaje producto del ofuscamiento y el desespero de los protagonistas de la historia. Entonces, el profesor consideró que esa redacción tenía un lenguaje vulgar, fuerte, y seleccionó el trabajo del joven como la mejor composición. ¿Cuál es su punto de vista según los enfoques educativos? ¿Los enfoques educativos sirven para ayudar a mejorar la lectoescritura?

La lectoescritura es un proceso comunicativo

Para comunicarnos necesitamos un lenguaje. Ese lenguaje está dado por una lengua o idioma que tiene sus reglas, su código. La lengua es un sistema de signos. Como ejemplo tenemos la mímica, el lenguaje de imágenes, el lenguaje de los sonidos, la escritura.

La comunicación entre los hombres es una necesidad de vivir en sociedad. Esa comunicación se establece por medio del lenguaje que es la capacidad que tiene toda persona de comunicarse con los demás mediante signos orales o escritos. El elemento fundamental de la comunicación lingüística es el signo lingüístico. La palabra es un signo. La combinación de los signos forman los mensajes.

El origen de la palabra comunicación está en el latín. Procede del adjetivo comunis que significa común. De este vocablo se derivan también comunal, comunidad, comunión. Del verbo latino comunicarse que puede traducirse como compartir o tener comunicación con otros se han derivado otras palabras como comunicado, comunicante, comunicativo, comunicación. Comunicación es la acción y el efecto de comunicar algo o de comunicarse.

Hacer a otro partícipe de lo que uno tiene. Descubrir, manifestar o hacer saber a uno alguna cosa. Conversar, tratar con alguno de palabra o por escrito. La comunicación implica reciprocidad.

Para que sea posible comunicarse es necesario que funcionen todos los factores que intervienen en el proceso comunicativo. Con el siguiente esquema se especifican esos factores aplicados al caso concreto de las habilidades comunicativas.

EMISOR: quien emite el mensaje: autor del libro, estudiante que escribe algo en su cuaderno, estudiante que habla.

RECEPTOR: quien recibe el mensaje emitido. Puede invertir el proceso y emitir otro mensaje como respuesta. Es el lector, es el escucha.

MENSAJE: idea o ideas expresadas por el sujeto emisor. Es el contenido del libro, del texto oral o escrito.

CÓDIGO: normas o reglas establecidas para trasmitir o cifrar el mensaje. Puede ser alfabeto, símbolos acordados, jeroglíficos, claves. En el caso de la lectoescritura es básicamente el alfabeto en sus formas escrita y oral.

CANAL: medios que utilizan el emisor y el receptor para ponerse en contacto. Pueden ser medios directos (voz, gestos, movimientos), o medios indirectos.

Queda demostrado brevemente, que la lectoescritura requiere un proceso comunicativo, y el libro es un gran instrumento que dinamiza ese proceso. El libro, en cualquier lugar que él se encuentre estará en contacto con alguien y estará comunicando algo a alguien y éste a su vez difundirá ante otros y así sucesivamente, la comunicación será interacción.

Considero pertinente despedir este capítulo con las palabras de Emilia Ferreiro y Ana Teberosky, "el problema del aprendizaje de la lectura y la escritura ha sido planteado como una cuestión de método"[3].

3   FERREIRO, Emilia. TEBEROSKY, Ana. *Los sistemas de escritura en el desarrollo del niño*. México: Siglo XXI Editores, 1979, p. 17.

Capítulo 2

Escritura

or medio de la escritura nos comunicamos con base en signos. Recordemos que el niño desde muy temprana edad es un productor de textos comenzando por sus primeros trazos hasta utilizar un alfabeto para redactar mensajes. La escritura, ésta invención y forma de comunicación humana, cada día, y con más dinamismo, mueve al mundo. Al leerse lo que está escrito, tal como aparece en el texto, nos demuestra que si hay una escritura rica en contenidos y en el buen manejo de la lengua, debe causar efectos positivos en la lectura, ya que escritura y lectura están correlacionadas, dependen entre sí.

El hombre escribe con base en el conocimiento que tiene de su lengua y en el desarrollo cognoscitivo del individuo.

La escritura surgió por la necesidad que tuvo el hombre de comunicar algo de una manera diferente del modelo oral. Por eso, la escritura se compone de signos lingüísticos para presentar o componer esos significados. Estos signos no funcionan aisladamente, se encuentran acompañados por otros signos.

Reflexión

Pensemos por unos momentos en algunos de esos problemas de los estudiantes de hoy, en unos grados más evidenciados que en otros:

- *Deformación de las letras, unas más grandes que otras, lo mismo que la inclinación o posición de éstas.*
- *Mal manejo del espaciado entre cada palabra.*
- *Mala ubicación de la palabra en el espacio o renglón.*
- *Amontonamiento de letras, especialmente al borde de la hoja.*
- *Mezcla de diferentes tipos de letras en una palabra: mayúscula, cursiva, script.*
- *Muchos de los problemas son dados por la posición del estudiante, la defectuosa posición de su cuerpo, de su brazo, del asiento o escritorio, la ubicación de la luz y de la vista. Esto incide en la forma de tomar el lápiz y en la forma de colocar el cuaderno.*
- *La movilidad de los dedos es algo que se debe fundamentar y correlacionar con el trabajo del área de Educación Física para evitar el cansancio y la pereza del estudiante cuando escribe.*
- *Una de las fallas al redactar es la incoherencia morfosintáctica y el desconocimiento de las normas de la lengua.*
- *Ustedes saben de otras dificultades de la escritura. Discutámoslas para tener más claro el problema y saber abordarlo. ¡Y por supuesto para dar soluciones!*

¿Cómo superamos estas deficiencias? ¡Redactando! Redactar, etimológicamente significa compilar o poner en orden, expresar por escrito los pensamientos o conocimientos. Redactar bien es escribir la frase con exactitud, originalidad, concisión y claridad. Escribir es poner el idioma en movimiento. A las reglas de la gramática hay que darles vida en un contexto, sin prescindir de ellas. Lo importante es acostumbrarse a ordenar las ideas.

Martín Vivaldi, en su Curso de redacción plantea que el uso del lenguaje es un fenómeno complejo y no es tan fácil como se cree, el hablar o escribir con corrección. Además, considera que se puede escribir bien sin conocer apenas las reglas gramaticales, sin haberlas estudiado. En otras palabras, las reglas se conocen sin saberlas.

El párrafo

Se define como la unidad mínima del pensamiento. Una de las causales de la deficiencia de la redacción está dada por el mal uso o el desconocimiento parcial o total del párrafo, aunque desde primaria se hable sobre él. El párrafo como escritura, así como la lectura, es algo que se debe practicar para toda la vida.

Es fácil detectar un párrafo o párrafos. Están iniciados por el uso del punto y aparte, por eso, el autor expresa determinada idea en el marco de cada párrafo. Las oraciones de un párrafo, entonces, aparecen organizadas con base en un orden cronológico y en un orden espacial, generalmente. Por tanto, para que un párrafo desarrolle coherentemente un asunto es preciso que tenga una presentación lógica de las ideas, una unidad temática, el manejo de la concordancia. Dicha coherencia se altera y la expresión pierde claridad cuando se producen cambios poco correctos en el sujeto, o en la persona, voz o tiempo del verbo. Un ejemplo de esta incorrección es la siguiente frase:

Cuando pasamos un examen, se pone uno muy contento.

Lo correcto es

Cuando pasamos un examen, nos ponemos muy contentos.

Al redactar párrafos, como se dijo anteriormente, las oraciones pueden estar organizadas con base en un orden cronológico (progresivo o regresivo), o de acuerdo con un orden espacial.

Veamos los siguientes ejemplos:

Orden espacial

Cerca de las nueve de la noche divisé las inconfundibles luces de una casa. Apresuré mi caballo antes de que cerrojos y trancas me vedaran la entrada a aquel milagroso santuario. Pasé las tranqueras de la propiedad, y esquivando troncos cortados y montañas de aserrín, llegué a la puerta o pórtico blanco de aquella casa tan insólitamente perdida en aquellas soledades.

Confieso que he vivido
Pablo Neruda

Orden cronológico

Luis Pasteur nació el 27 de diciembre de 1822 en Dôle, en la región francesa del Jura. A los dieciséis años asistió al Liceo de Saint-Louis, que era una escuela de secundaria en París. A los diecinueve años era estudiante y profesor. Ya no era muchacho rural, soñador de fantasías. A los veinticinco años se graduó en la Escuela Normal de París, y en 1848 fue nombrado profesor de física en Dijon.

Forjadores del mundo moderno
Louis Untermeyer

Cuando se redactan párrafos se pueden utilizar algunos procedimientos como la formulación de preguntas, la presentación de citas textuales, formulación de comparaciones y citación o exposición de ejemplos. A continuación se plantean algunos modelos:

Siempre he creído que toda versión de un cuento es mejor que la anterior. ¿Cómo saber entonces cuál debe ser la última? Es un secreto del oficio que no obedece a las leyes de la inteligencia sino a la magia de los instintos, como sabe la cocinera cuando está la sopa.

Doce cuentos peregrinos
Gabriel García Márquez

Una mujer que fue reanimada después de un ataque cardíaco comenta: "Comencé a experimentar las más maravillosas sensaciones. Lo único que sentía era paz, comodidad, sólo quietud. Todos mis problemas habían desaparecido, y pensé: "¡Qué paz y quietud, nada me duele!".

Vida después de la vida
Raymond A. Moody

¿Es un trabajo la lectura? Valéry Larbaud la llama "el vicio impune", y Descartes, por el contrario, dice "es una conversación con las gentes más honradas de los pasados siglos". Ambos tienen razón.

André Maurois

La oración directriz

Por lo general un párrafo consta de una oración principal y una o más oraciones secundarias que lo amplían. La oración directriz o principal es la que expresa la idea fundamental del párrafo y sirve de eje en el desarrollo del contenido. La oración motriz es la que prácticamente resume todo. Es la oración más clara y más concisa. Es la frase principal.

La localización de esta frase dentro del párrafo no será siempre la misma. Dependiendo del lugar donde se encuentre, así mismo denominamos esos párrafos. Cuando la oración directriz está localizada al principio del párrafo, el lector no tendrá problemas para ubicarla, y la lectura podrá hacerse con mayor rapidez y aprovechamiento. Las oraciones secundarias siguen a la oración principal y llevan un sentido lógico-deductivo. Estos párrafos se conocen con el nombre de deductivos. Un ejemplo es el siguiente:

El aniversario de los bombardeos de Hiroshima y Nagasaki provoca una sombría reflexión y la más ferviente esperanza de que el horror no se repita jamás. En los años siguientes, esos bombardeos han afligido la imaginación mundial, pero no tanto como para frenar el desarrollo y la propagación de armas de destrucción masiva infinitamente más letales.

Noam Chomsky

Cuando la frase principal se encuentra en medio del párrafo, nos encontramos con un párrafo que se puede considerar como dividido en tres partes fundamentales:

- La primera parte del párrafo será una especie de preámbulo o introducción por medio de la cual se llegará a la idea principal; mientras tanto, el autor prepara el terreno para localizar la idea principal.

- En la tercera parte se aclara la idea principal expresada en la segunda parte del párrafo.

Estos párrafos, entonces, comienzan con el desarrollo de ideas secundarias, se llega por un procedimiento lógico-inductivo a la localización de la oración directriz, y se continúa con la ampliación de esa oración por intermedio de las oraciones secundarias. Son los llamados párrafos inductivos-deductivos. He aquí un ejemplo:

Después de un largo debate sobre la dramaturgia, ¿qué es?, ¿qué se puede definir como Dramaturgia Nacional?, ¿cuáles son sus fundamentos? y otras inquietudes que preocupaban a nuestro movimiento teatral, se llegó a la conclusión, más o menos aceptada por la mayoría de teatristas, "Dramaturgia" es el conjunto de elementos que componen un espectáculo teatral, o el teatro.

Teoría y práctica del teatro
Santiago García

Localización de la idea principal

Ante todo, se debe determinar cuál es la palabra que más se repite dentro del párrafo. Se puede encontrar un vocablo que incluso domine todo el párrafo y sobre el cual gire íntegramente la exposición del autor. Veamos el siguiente ejemplo: (el subrayado es la pista de la idea principal):

Los colombianos, por <u>desgracia, leemos poco</u>. Nuestro índice de lectura, frente a los países desarrollados, <u>da ganas de llorar.</u> Y lo más <u>triste</u> es que no es posible resolver tal situación <u>de la noche a la mañana</u>. Nos podrá tomar fácilmente, <u>una</u> o <u>dos generaciones</u>, si es que trabajamos decididamente para lograrlo.

El Espectador
Jorge Valencia Jaramillo

Palabras señales

Existen unas palabras que funcionan como señales, marcan la pauta y a lo largo del párrafo nos indican, nos guían sobre las variaciones del desarrollo del pensamiento dentro del mismo. Esto permite con mayor facilidad una adecuada captación del escrito. Estas palabras señales, W.J. Mayo[4] las subdivide en tres grupos:

---

4   MAYO, W. J. *Cómo leer, estudiar y memorizar rápidamente.* Santafé de Bogotá: Círculo de lectores, Edit. Playor, 1980, p.68

Palabras avance:

Su nombre lo plantea; indican un avance en el curso del pensamiento. Llevan el mismo sentido de la oración directriz. Son, por lo general, las más numerosas dentro del párrafo.

Como ejemplos de ellas tenemos: *también,* asimismo, *igualmente, del mismo modo, además, en resumen.*

Palabras pausa:

Podrían ser suprimidas en algún momento sin que el texto sufra por ello una variación substancial en su significado. La finalidad de estas palabras es exclusivamente aclaratoria.

Como ejemplos tenemos: *porque, con tal que, por ejemplo, tal como.*

Palabras retroceso:

Se consideran las más significativas. Su énfasis radica en el razonamiento del autor, lo resaltan y refuerzan. Estas palabras también nos pueden indicar que se vuelve a tomar de nuevo el curso del pensamiento.

Como ejemplos tenemos: *pero, sin embargo, no obstante, a pesar de todo, prescindiendo de, en vez de.*

Debemos considerar estas palabras claves de gran importancia y de extraordinaria ayuda tanto para el agente lector como para el agente escritor. Es preciso tenerlas en cuenta como parte de la propuesta para enfrentar el problema de la lectoescritura.

Como se trata es de mejorar la habilidad de redacción, y uno de los aspectos que permiten, fomentan y ayudan a ese mejoramiento es el párrafo-sin descartar el versolibrismo, los anagramas y otros-, seguidamente se presentan algunas propuestas de solución al tema planteado. Como escribir se aprende escribiendo, pues, ¡vamos a escribir!

Se ofrecen unos talleres con sus correspondientes objetivos, además, algunas experiencias hechas por estudiantes. Recuerde los pasos de un taller para que complemente estas propuestas.

Taller 1: Lo que usted quiera y como quiera

Objetivo:
> *Sugerir al estudiante una alternativa personal,*
> *para que redacte según su gusto.*

Con base en las diferentes clases de párrafos, según la posición de la oración directriz, sugiérale al estudiante que *escriba lo que quiera y como quiera*. No hay límite de número de palabras, páginas, estilo, tema. El tiempo lo da el profesor o la misma dinámica del taller. Si no trabaja el párrafo puede utilizar otra fórmula ya que la propuesta dice *lo que quiera y como quiera*.

Taller 2: Relatos y canciones

Objetivo
> *Trabajar de manera lúdica la redacción incor-*
> *porándole elementos musicales al texto.*

Propóngale a sus estudiantes que redacten un texto del género que sea pero que tenga versos o títulos de canciones que sirvan para unir párrafos u oraciones; pueden estar dispersos a lo largo del texto, si quiere, también es aceptable que vayan uno seguido del otro, pero no es obligatorio.

¿Quién no ha tarareado una canción? Esta propuesta, como la que viene a continuación inculca la evocación, el buen uso de la memoria ya que la memoria vive en la conciencia del sujeto.

Esta propuesta también se puede trabajar en poesía.

No olvidemos propiciar ambientes de aprendizaje ricos en silencio, en espacios físicos agradables.

Experiencias

"En de que te vi mi chinita linda, lloran los guaduales por tu amor. Cada vez que yo te miro más me voy enamorando, pero sé que eres una atrevida, porque metido entre un bar y copas me dejaste sin sentimiento, y bajo un cielo de tambores en mi Valle del Cauca recuerdo que con sólo un cariño me enamoraste. Ese día me dijiste tu nombre: Ana Milé.

Mi suegra - doña Pastora - exclamó, ¡Esto me huele a matrimonio!, y del puente pa'llá nuestro sueño se convirtió en engaño. Cómo podré disimular si tu recuerdo me lastima. Cada vez que brilla el sol pienso, "Debería olvidarla". Te fuiste gracias a un miserable...

En esas noches de ronda conocí a María Helena, sus palabras de mujer me enamoraron... Sé que eres el mal querido... que en tu boca tienes sabor de engaño. ¡Despertad!... Quiéreme mucho y sin condición porque tú sabes que somos novios...

Aunque me equivoqué contigo, la historia aquí no termina. Entre copa y copa me encontré con mi amigo Lucio Vásquez y me presentó a la Martina, ah, ese sí que fue un bonito amor... Pero sé que cuando los hombres lloran les llaman payasos, por eso toditas las mujeres pasaron a la historia.

Y ahora sí viene mi página triste, ya que el policía de mi pueblo me acusó de ser el peor de los caminos, y a la cárcel fui a dar. Sé que las rejas no matan, pero aquí estoy hace un año escribiendo y cantando mis penas de amores. Lo único que digo es que no volveré a enamorarme, soy el pecador y esa pared me está matando aunque yo sé que no soy monedita de oro para que todas las mujeres estén tras de mí, tal vez, poco a poco, cuando los años pasen ya pueda volver a ser el rey".

Olga López - Estudiante

"En ese lapso entró el moreno. Ella exclamó, ¡Papi, el negro está rabioso, quiere pelear conmigo, decíselo a la poli. El salió por la ventana y recorrió varios kilómetros. Al estar en la calle pasó el 039 y se lo llevó. Estando a mitad de camino preguntó. ¿para dónde me lleva? A mi Buenaventura y caney"...

Diego A. Muñoz - Estudiante

Taller 3: Adaptación de la literatura infantil universal a la sociedad moderna

Objetivo

Poner en práctica de manera lúdica las grandes lecturas infantiles.

Dice Bruno Bettelheim: *"...en toda la literatura infantil -con raras excepciones - no hay nada que enriquezca y satisfaga tanto al niño y al adulto, como los cuentos populares de hadas... Ofrecen ejemplos de soluciones temporales y permanentes a las dificultades apremiantes"*[5].

¿Quién no ha sido arrullado por un cuento clásico? Algo sabemos de Caperucita, Pinocho, El patito feo, El renacuajo paseador. ¡Qué encantador es evocarlos!

La propuesta es: el estudiante que se incline por este frente debe componer un relato o poema cuyos personajes sean tomados de la literatura infantil universal para acomodarlos a las vivencias del mundo de hoy. Un elemento clave es el humor. ¿Se ha imaginado a Pinocho jugando o montando en moto con Alicia, con los siete enanitos?

¿Los resultados? ¡Extraordinarios! Los temas sobre la paz, la muerte, la vida, la diversión, la ecología y otros nos recrean la memoria con los textos que producen los estudiantes.

---

5   BETTELHEIM, Bruno. *Psicoanálisis de los cuentos de hadas*. Barcelona: Editorial Crítica, Grupo Editorial Grijalbo, 1981, p.11.

Experiencias

"Era una gran foca llamada Esperanza. Le gustaba practicar bailes, natación, patinaje y todo tipo de deportes. Ella era una foca muy bonita. Sus medidas eran 100, 200, 100. Sus labios eran delgados, sus pestañas muy largas, sus cejas negras. Al maquillarse untaba en sus labios pintura roja, en sus pestañas tierra porque ella decía que así se le veían más negras...

Un día fue al gimnasio donde practicaba danzas. Era vanidosa al caminar cuando movía su parte trasera.

Era coqueta... Salió con su pinta de gomela hacia otra fiesta. Al entrar, todas las focas se burlaban de ella por su gran forma de vestir. Ella decía, qué envidia me tienen, si eso es clave para la amistad, ¡qué ceba!..."

Deyanira Malagón
Estudiante

"Érase una vez en una lejana ciudad un rey llamado "Distancia de dos puntos" y una reina llamada "Sistema de coordenadas" que tenían una hija llamada "Blanca función". La niña era tan linda como una parábola.

Sus ojos eran tan bellos como una tangente de un ángulo, y sus labios tan rojos como una determinación.

Un día la señora Sistema de coordenadas murió y en su remplazo llegó la señora Perímetro de un triángulo, quien

> *no quería a Blanca función. El tiempo pasó y Blanca se volvió cada vez más linda y la madrastra más fea, como la fórmula Y = mx + b. Entonces, la señora Perímetro de un triángulo la llevó al vértice...*
>
> *Blanca vio a lo lejos un Cuadrilátero donde vivían 7 Ecuaciones. Ella se desplazó y penetró al Cuadrilátero y distinguió 7 Catetos los cuales tenían diferentes fórmulas..."*
>
> Liliana Tegua - Estudiante

Taller 4: Refranes y relatos

Objetivo

Demostrar las enseñanzas de los refranes mediante la producción lúdica de textos.

Plantea que el estudiante escriba un relato, cuento, poema, fábula, y que la historia esté enlazada, tejida por refranes. Lo mismo que en las dos anteriores, la evocación es algo clave para esta composición. Y más que utilizar lúdicamente la memoria, es exponer la riqueza interpretativa de quien hace uso de este frente para escribir. Los resultados, ¡también fantásticos!

Taller 5: Producción de textos con el lenguaje específico del área

Objetivo

Aprender lúdicamente conceptos que se utilizan en determinada área.

Se puede escribir cualquier texto con el lenguaje específico de determinada área o asignatura. Esta es una fórmula para la aprehensión de conceptos.

Experiencias

"La vida es como una recta infinita que paralela o perpendicular es mucho más que el sistema universal... La pendiente de la muerte se sustituye por un plano de paz y tranquilidad".

Mario Ramírez - Estudiante

"Había una vez un ganso cuadrilátero que siempre perdía la línea. Decidió un día quitarse los puntos del pico, para así tener siempre la línea.

Pero le empezó a doler el axioma. Fue donde el Doctor Coplanar para ver qué recetas le daba. El doctor le dijo: usted tiene el vértice muy grande. El ganso le preguntó: ¿eso es bueno o malo?

El Doctor Coplanar le contestó: eso es malo, hay que operarlo, hay que hacerle una intersección.

El día de la operación el ganso le decía al doctor continuamente: ¡ay, siento que se me están hinchando los cuadriláteros!, ¡tengo la nariz cóncava!, ¡tengo la congruencia plana y siento que se para el Beta del susto!

Después de la operación: ¡por fin, el vértice de mi ala está bueno!".

Germán O. Castro - Estudiante

La experiencia ha demostrado que hay quienes primero planean lo que van a escribir, seleccionan las canciones, los personajes infantiles, los refranes, y luego, ¡a redactar! Otros, a medida que va surgiendo la historia insertan la propuesta de tal manera que se mantenga la coherencia, la unidad, el interés y la redacción adquiere un alto grado de calidad. El objetivo se logra, ¡escribir con gusto! ¡Escribir con amor!

Taller 6: La creación colectiva

Objetivo
> *Reconocer los aportes de cada estudiante para producir colectivo un texto.*

Papel completamente en blanco. El estudiante de adelante o de la última silla o pupitre inicia una historia. El que sigue, lee lo que escribió su compañero, y continúa el relato, y así sucesivamente hasta concluir la redacción. La pregunta es ¿alguno de los estudiantes preveía el final que le dio el último estudiante? El docente compara redacciones, imaginaciones, ortografía, uso de la gramática y otros aspectos en el momento de la lectura de la obra. ¿El título?, ¿los espacios? ¿Quién es más ágil para enredar y desenredar la trama? Todo es un fluir maravilloso de ideas.

El tiempo lo dispone el taller y su ritmo, al igual que otros aspectos que saldrán con la dinámica del trabajo.

Taller 7: La primera oración

Objetivo

Involucrar al maestro en la producción de textos junto con sus estudiantes.

El docente inicia con el primer punto y seguido, los estudiantes continúan la historia. O en otros casos, el maestro lanza una o dos ideas secundarias, un tema, un título, la conclusión, para que los estudiantes sigan la historia o la generen. Por ejemplo, dígale a los estudiantes que escriban un relato o poema donde se den elementos de casualidad o destino: un viaje y en algún lugar se encuentran el personaje con su gran amigo después de mucho tiempo sin verse. Dicho encuentro originó una historia de nunca acabar -celos, amor, drama, amistad, fiesta, muerte-. El asunto puede ser vivencial o anecdótico.

Otro ejemplo es que estando el personaje listo para salir de su cama rumbo al colegio bosteza, y un diminuto mosco entra por su boca y le ocasiona un problema inesperado. Esto da origen a una obra de ficción. Con la casualidad se desarrolla la gran habilidad de enredar y desenredar la obra sin caer en el facilismo. Otra propuesta: sucedió en el concierto. El estudiante sigue la historia con base en esa idea o título.

Taller 8: Producir historias con base en programas de radio, televisión, pautas publicitarias

Objetivo

Aprovechar de manera lúdica los medios de comunicación para la producción de textos.

Teniendo en cuenta los programas de televisión o de radio o las mismas pautas publicitarias, los estudiantes producirán textos ya sean cuentos, poemas, anagramas, refranes, retahílas y otros. En esta propuesta sobresale con gracia el humor.

Experiencias

*"En las pasadas vacaciones **Guadalupe** y yo decidimos tomar un **vuelo secreto** a la finca del **hijo de nadia,** llamada **El oasis**. Al llegar allí había **sólo una mujer** de **Carasucia,** pues el **panorama** no era muy bueno. Nos encontramos con **NN** que le decían el **renegado,** aunque siempre tomaba grandes **decisiones.** Como no sabíamos qué hacer nos dijo, **vamos a lo que vamos,** y como unos **policías en acción** decidimos ir a la playa donde encontramos si**renas** con **medias de seda,** bronceándose de **frente al sol...** Todo lo que viví en las vacaciones **no me lo cambie** por ninguno de los **sábados felices** que en realidad no son **vida de mi vida** pero sí muy **exitosos.***

Liliana Novoa - Estudiante

Taller 9: Redacción de cartas, actas, memorandos, informes

Objetivo

Practicar el género epistolar en la producción de textos.

Cartas al alcalde, al Presidente de la República, al Congreso, a un astronauta, a los que contaminan la ecología, a Blancanieves, a Batman, a...

Actas de un acto participativo de la comunidad en una asamblea de padres de familia, de la elección del personero...

Memorandos del personero de la institución a determinado curso...

Informes de una visita a un sitio de interés como una sala de teatro, un museo, un parque natural, un zoológico...

Taller 10: Otros escritos

Objetivo

Producir variedad de textos con la apropiación de otros instrumentos de trabajo como el periódico.

Juegue con acrósticos: además de lúdico es reflexivo, afectivo y crea un sentimiento. Puede basarse en los nombres de los compañeros del curso, o en familiares, amigos, deportistas, artistas, modelos, tiras cómicas, el barrio, el colegio...

Juegue con anagramas, crucigramas, coplas, pensamientos, sopa de letras, historias inconclusas...

Con el periódico desarrolle ejercicios de escritura y redacción. Organice talleres de redacción con ellos para la elaboración del periódico escolar. Sugiérales que reelaboren una noticia, un artículo..., que busquen errores de composición y los corrijan...

Interrelacione el dibujo con la redacción. Sugiérale al estudiante que componga en forma escrita historias o historietas a partir del diseño de unos dibujos. El resultado es un cuento, una fábula o cualquier escrito. Puede hacerlo con base en caricaturas, o dibujos comunes y corrientes, con la secuencia y la técnica que requiera el texto.

Sugiérale al estudiante que componga textos con base en los avisos clasificados, o con base en los titulares del periódico.

De cada una de las secciones del periódico se selecciona una noticia o artículo que le llame la atención al estudiante, copiar el título correspondiente y exhibirlo en una atractiva cartelera en el aula o en un lugar visible en el patio del plantel.

Descomponer una noticia internacional con base en el siguiente esquema:

Fecha en que sucedió.
Cómo está redactado el titular.
En qué ciudad y en qué país sucedió.
Quién es el protagonista de esta noticia.
Qué relaciones hay entre la fotografía y el artículo sobre la noticia.
Cuál es la opinión del estudiante sobre el protagonista.
De qué manera influye este hecho en nuestro país.

Elaborar un banco informativo con el periódico.

Redactar un cuadro comparativo entre la moneda de nuestro país y la de otros países.

¡Cuántas cosas se pueden redactar para jugar con las palabras!

Taller 11: Propuesta con las etimologías

Objetivo

Incorporar la importancia de las etimologías en el proceso de la producción de textos para enriquecer el léxico

Organice concursos de redacción con el uso de las etimologías. Los estudiantes los pueden realizar en una hoja, en carteleras, en el papelógrafo, en el computador, o en fichas.

Permítale al estudiante que cree palabras con las etimologías, las defina y las aplique en un texto. Por ejemplo, sugiérale que con la raíz griega BIBLIO componga 12 palabras con su correspondiente explicación y sentido lógico.

No use el diccionario.

	mano .
	filo .
	terapia .
BIBLIO	———
	———
	———
	———
	———

Otros modelos: En la palabra <u>endemia,</u> el término <u>en</u> significa DENTRO y <u>demia</u> significa PUEBLO.

ENDO quiere decir <u>dentro.</u> Entonces, en la palabra endocardio, ENDO significa _________ y cardio _________ .

El antónimo de EX es _________ .
Un coro de muchas voces es un coro _________ .
CROMOFILO significa _________ .
Busque el significado de la palabra MELANINA: _________ .
Forme palabras utilizando la raíz LOGOS _________ .

_________ . _________ . _________ . _________ . _________ .

Diseñar un crucigrama con etimologías. El maestro da la primera palabra, los estudiantes deben seguir la ruta de las líneas y prolongarlas cuanto quieran formando casillas para así obtener nuevas palabras que tengan raíces o sufijos griegos o latinos. Veamos el modelo (se puede usar el diccionario):

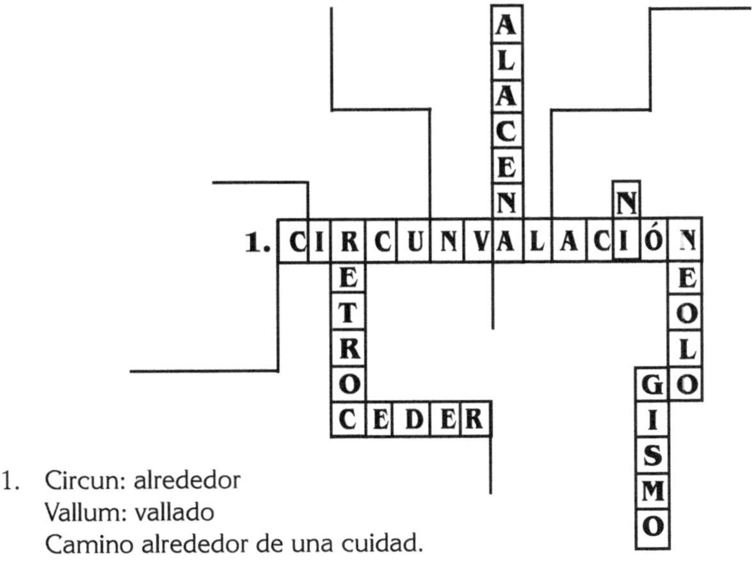

1. Circun: alrededor
    Vallum: vallado
    Camino alrededor de una cuidad.

Este asunto de las etimologías merece destacarse porque reconocemos muy bien la composición de nuestra lengua: latín y griego como las principales fuentes del español.

¿En dónde radica también el problema de la lectoescritura? En la pobreza de vocabulario. ¿De dónde se aprende el léxico? De los libros, de la lectura (ya hablaremos de las diversas clases de lecturas, especialmente de los libros especializados).

Una de las propuestas para el enriquecimiento del vocabulario es el uso de las etimologías por composición y descomposición de palabras. Si sabemos etimologías evitamos dificultades en la lectura, y esta es más rápida y comprensiva.

Más que memorizar determinada cantidad de etimologías, se sugiere el juego con ellas. Se considera de vital importancia el uso frecuente de las etimologías en todas las áreas; ello permitirá una agradable correlación de contenidos, y lógico, una óptima captación de cualquier tema. Son de gran ayuda para mejorar la ortografía.

Es indispensable que se trabaje con las etimologías de manera interdisciplinaria. Ello permite la no repetición de temas y la correlación de áreas. Es una forma de atacar el fracaso escolar ante la no comprensión del lenguaje de cada área. Si hay buen uso de etimologías, hay riqueza lexical.

La ortografía

Uno de los problemas de la escritura es la ortografía. El arte de escribir correctamente (del gr. Orthos, derecho, y graphein, escribir) presenta muchas fallas. Aquellas épocas en que al compás de las reglas ortográficas había una brillante ortografía, han sufrido cambios. ¿Las causas? Ya se han dilucidado algunas, especialmente la invasión de esnobismos. Lo más lamentable es que, en este caso, el estudiante - aunque los medios impresos también son víctimas de una cuestionable ortografía y redacción -escribe sin ningún principio ortográfico.

Cae en los errores más elementales. ¿Por qué?

¿Cada maestro en su área no da las pautas ortográficas, no hace caer en la cuenta de los errores? Y si lo hace, entonces, ¿qué pasa? ¿No hay mecanismos para hacer que la regla se vuelva un proceso automático, es decir, se aprenda y la práctica la va haciendo automática, constante, común?.

Algo está fallando. De ahí que algunas universidades, preocupadas por este flagelo, envían al estudiante a nivelarse en lectura y escritura en el primer semestre, con alto hincapié en la redacción y en la ortografía. Es muy común encontrar profesionales con altas fallas en estos campos; otros, muy preocupados, tienen que hacer cursos de lectura y redacción para enfrentarse a la vida con mejor preparación profesional. La ortografía también se aprende leyendo.

Son muchos los problemas ortográficos; sin embargo, destaquemos solamente los siguientes:

- Confusiones visuales: se produce entre fonemas de formas parecidas (b por l; b por v; a por o; b por t), o entre grafemas como b por
d; b por p; b por q; u por n.
- Confusiones auditivas: se produce entre fonemas vecinos por el
punto de articulación. Hay una falla en la discriminación de sonidos
isófonos. Por ejemplo: f por s; p por b; t por d; c por g; n por m.
- Omisiones: supresión de una o más letras o sílabas.
Ejemplo: camió por camión; solapa por sopa.
- Inversiones o reversiones: errores en la secuenciación de los
grafemas en las sílabas dentro de las palabras. Ejemplos: el por le;
sol por los; pro por por.
- Adiciones: se añaden, se repiten letras o sílabas.
Ejemplo: maldijieron por maldijeron; pobrecitico por pobrecito, airie
por aire.
- Separación incorrecta de las palabras. Ejemplo:
El prof e sor de jó... el pro-fe-sor-de-jó
El in ci pie ente caso... el in-ci-pien-te-ca-so
- Confusiones entre palabras parecidas fonética o visualmente (caso
de las palabras parónimas). Ejemplo: absolver por absorber; cabello
por caballo.
- Mal uso del dequeísmo. Ejemplo: "Estoy seguro que voy a ganar el
año" por "Estoy seguro de que voy a ganar el año" (¿de qué estoy
seguro? De que...).
- Mal uso de las preposiciones. Ejemplo: "Se repartieron camisetas
gratis a $2.000.oo la unidad" por "Se repartieron camisetas gratis
de $2.000.oo la unidad".
- Uso indiscriminado e ilógico de la K (esnobismo).
Ejemplo: "Rikísimas empanadas..."
- El total abandono del acento ortográfico; no se tildan las palabras
por ser agudas, graves, esdrújulas o sobreesdrújulas.
- La pobreza lexical, el empantanamiento al escribir. Se redacta lo
primero que llegue sin coherencia ni lógica porque no hay una

riqueza en sinónimos y antónimos, relaciones o analogías y etimologías.

Taller 12: La propuesta ortográfica

Objetivo

Aplicar diversas estrategias para mejorar la ortografía.

La ortografía, el gran dolor de cabeza. Jugar con las reglas resulta un poco difícil en estas épocas de rebeldía, de distracción en otras cosas como la penetrante incidencia de los medios de comunicación. Le hace más penoso el camino al estudiante someterlo a estas reglas en esta era moderna. Deje que la regla se deduzca escribiendo, lo mismo que la gramática. Es más, el cuaderno donde el estudiante plasma sus composiciones es el que menos errores de ortografía tiene. ¿Por qué? Es su obra literaria y la cuida y la consiente mucho. Ama su cuaderno de narrativa. Pero, él debe querer todos sus cuadernos, y si lo hace, habrá menos problemas de ortografía.

Nunca le aisle el error ortográfico. Nunca lo saque del contexto donde se detectó. Exploremos por derivación, por etimología, por excepciones de la lengua, los casos de estos errores. Ya no cuenta aquello de ponerlo a escribir correctamente la palabra 50 veces o más. ¿Y el párrafo qué? El error ortográfico se debe insertar en el proceso de la redacción.

La ortografía se deduce por lo que se escribe, por la lógica de la gramática de la lengua, por la observación del término que afea la redacción del texto. La práctica dará como resultado que todos debemos estar pendientes de la ortografía, se entiende que la regla es indispensable, necesaria, fundamental, por ello se aprendió en primaria su uso, mas, también ya se mencionaron los distractores que han ayudado a deteriorar el idioma. No es que estemos en contra de la regla; debemos es buscar y crear ambientes de aprendizaje para que la regla se vuelva automática, práctica, mecánica. Hay juegos de ortografía que se pueden diseñar con sopas de letras, crucigramas, "Descubra el error", "Cabeza y cola" y otros.

Uno de los problemas es que consciente o inconscientemente estamos aplicando o no la regla, pero no perseveramos en ella.

Insístase en el buen manejo del campo semántico de las palabras, y que antes de que el estudiante acuda al diccionario, observe detenidamente el término en forma aislada y en su contexto, y si la duda persiste, ahora sí, consulte en el diccionario.

Veamos estos casos:

Si un estudiante tiene dudas sobre la palabra NECESIDAD (el problema de CS), entonces, ubiquémoslo en la palabra NECESARIO, y sin regla digámosle para el recuerdo práctico que la segunda es con S, según la palabra NECESARIO, y que a partir de la anterior deducción, las palabras NECESITO, NECESARIAMENTE, y otros que puedan derivarse, se escriben con CS.

¿Circuncisión? ¡Circunciso!

Recuerde que el idioma tiene sus excepciones: cirugía-cirujano, dirigir-dirijo...

Otros casos:

MOVER

> movedizo
> movible
> movimiento

VOLVER

> vuelta
> voltereta

DEVOLVER

> envolver
> precaver
> disolver
> entrever
> VER

Diferenciar las excepciones de nuestra dinámica lengua:

SABER

> caber
> deber
> sorber
> haber

¿Cómo lograr que el estudiante marque las tildes? Veamos la siguiente propuesta:

Dictamos un texto común y corriente. Luego, ese mismo texto lo descomponemos fonéticamente. Posteriormente, lo separamos ortográficamente. Y finalmente, clasificamos todas las palabras según sean agudas, graves, esdrújulas o sobresdrújulas (la regla se aprendió en primaria). Y si se quiere, se pueden seguir clasificando por categorías gramaticales.

El siguiente es el inicio de El Reinado de las frutas, de Pedro Baquero:

Cuando los pájaros, luego de días y días de indisciplinadas discusiones, consiguieron, por fin, ponerse de acuerdo para elegir la reina de las frutas, la manzana, que había oído los rumores del concurso, se atribuyó, por anticipado, el cetro y la corona.

Separación fonética (por golpe de voz al leer):

Cuan - do - los - pá - ja- ros - lue - go - de - dí - asy - dí - as - dein - dis - ci - pli - na - das - dis - cu - sio - nes - con - si - guie - ron - por - fin - po - ner - se - dea - cuer - do - pa - rae - le - gir - la - rei - na - de - las - fru - tas - la - man - za - na - queha - bíaoí - do - los - ru - mo - res - del - con - cur - so - sea - tri - bu - yó - poran - ti - ci - pa - doel - ce - troy - la - co - ro - na.

Separación ortográfica (separación de sílabas teniendo en cuenta el acento ortográfico):

Cuan - do - los - pá - ja - ros - lue - go - de - dí - as - y - dí - as - de - in - dis - ci - pli - na - das - dis - cu - sio - nes - con - si - guie - ron - por - fin - po - ner - se - de - a - cuer - do - pa - ra - e - le - gir - la - rei - na - de - las - fru - tas - la - man - za - na - que - ha - bí - a - o - í - do - los - ru - mo - res - del - con - cur - so - se - a - tri - bu - yó - por - an - ti - ci - pa - do - el - ce - tro - y - la - co - ro - na.

Clasificación de las palabras (escribir con mayúscula inicial):

AGUDAS	GRAVES	ESDRÚJULAS	SOBRE-ESDRÚJULAS
Elegir	Cuando	Pájaros	
Atribuyó	Luego		
	Días		
	Días		
	Indisciplinadas		
	Discusiones		
	Consiguieron		
	Ponerse		
	Acuerdo		
	Para		
	Reina		
	Frutas		
	Manzana		
	Había		
	Oído		
	Rumores		
	Concurso		
	Anticipado		
	Cetro		

Destacar que los que faltan son monosílabos y se pueden clasificar también cuando estos presenten duda.

Este ejercicio fomenta la práctica para que el uso correcto de las tildes se vuelva automático con base en la regla; luego, juega con el buen uso de la memoria.

Taller 13: Otras propuestas para mejorar la ortografía

Objetivo

Alternar otros esquemas como los signos de puntuación y la completación de frases.

- Formar palabras con base en una serie o conjunto de letras.
  Ejemplo: Pi - Fa - Cu - Al - b - o - e - n - c - h - i - a - l - o - t - c - i - a - o - u - n -
  Las primeras letras son las que nos dan alguna pista, pues, serían las letras iniciales. En este caso un resultado sería: Pinocho, Fábula, Cuento, Alicia.

- Formar palabras dado un conjunto de sílabas; ordenar dichas sílabas.
  Ejemplo: lec - to - sa - ra - pen - tu - mien -
  El resultado sería, Lectura, pensamiento.

- Completar palabras donde falten vocales, consonantes o sílabas.
  Ejemplo: C _____ lom _____ atri _____ mí _____
  Di _____ con _____ ién _____ ndas _____ y t _____ _____ ré qui _____ _____ re _____
  Es _____ m _____ s
  Los resultados serían: Colombia patria mía.
  Dime con quién andas y te diré quién eres.
  Espumas.

- Ordenar frases desordenadas. Ejemplo: Con su tripulación aterrizó en el parque un platillo volador.
  El resultado sería: Un platillo volador, con su tripulación, aterrizó en el parque.
  Otra versión sería: Un platillo volador aterrizó con su tripulación en el parque.

- Colocar correctamente signos de puntuación, y por supuesto, las mayúsculas. El siguiente ejemplo es tomado del escritor Santiago Pérez Triana, De cómo la familia Chimp vino a la ciudad:

Debajo de los árboles en el monte bajo la lluvia bullían numerosos y variados los habitantes de la selva grandes unos chicos otros éstos corrían aquellos se deslizaban los de acá se arrastraban torpemente los de allá iban marchando con lentitud y solemnidad habían ardillas y conejos zorras y venados lagartos y culebras...

El resultado es:

Debajo de los árboles, en el monte bajo la lluvia, bullían numerosos y variados los habitantes de la selva; grandes unos, chicos otros, éstos corrían, aquellos se deslizaban; los de acá se arrastraban torpemente; los de allá iban marchando con lentitud y solemnidad. Habían ardillas y conejos, zorras y venados, lagartos y culebras...

Para este ejercicio se necesita conocer la regla o la norma de cada uno de los signos de puntuación.

- Ejercicio del dictado: se dicta un texto de cierta dificultad, leyendo las oraciones o frases de manera completa. El estudiante tendrá que captar y escribir lo que se dicta, respetando los espacios interpalabras, los signos de puntuación, la ortografía, la gramática y las ideas dictadas.

Diseñar con la figura de un árbol un conjunto de palabras en donde todas sean agudas. Terminar de llenarlo.

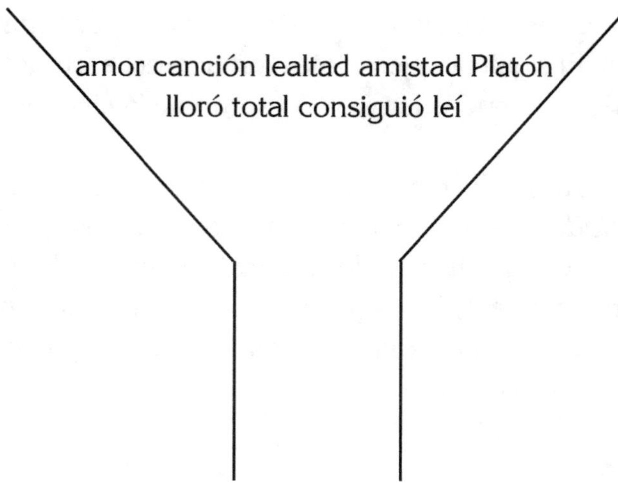

¿Escribir es cuestión de musas? ¡No! Todos podemos escribir nuestras fantasías y demonios que giran en nuestra cabeza.

Unos lo hacen mejor que otros, pero en el quehacer escolar la gran responsabilidad radica en el maestro. Él debe irradiar propuestas para que el estudiante escriba. Él debe graduar las actividades según el curso, el grado y el entorno en que trabaje. El maestro cada día utiliza heurísticas, y hay notables talentos haciendo investigaciones (si el educador escribiera todas sus experiencias tendríamos una educación más viva).

Conozca, escuche y valore lo que hacen los educandos. No olvide en este caso, el computador. Todo lo propuesto es de valiosa experimentación, pero, más cuando el estudiante la enriquece y la pasa del papel a la máquina. Mis estudiantes lo han hecho, y comparan, detectan los errores, las inconsistencias, aprovechando que el computador les permite leer y escribir en una pantalla. Sugiérale a los estudiantes, "Copien en el computador un poema; ahora, los verbos los escriben en mayúscula, los sustantivos en cursiva, los artículos en negrilla, los adjetivos los deben subrayar". Es una bonita fórmula para plantear las categorías gramaticales a la vez que se refuerza el manejo del procesador de palabras.

La experiencia de escribir (incluso, el profesor también escribe con ellos), ha demostrado las siguientes conclusiones:

- Se puede vencer el fantasma de una hoja en blanco.
- El estudiante es capaz de producir cualquier texto, unos lo hacen mejor que otros, pero escriben.
- El maestro, intencionalmente, puede salirse del salón para medir resultados. El estudiante, después de haber iniciado con la oración directriz, por ejemplo, no quiere que nadie le perturbe.
- Todos quieren leer sus escritos, y obviamente, ser escuchados y juzgados.
- El tiempo se convierte en una lamentable brevedad.
  Por esta razón la propuesta de escribir va dirigida a que todos le dediquemos diez (10) o veinte (20) minutos a la redacción en el aula. El estudiante, conscientemente, sigue su trabajo en la casa, especialmente en literatura, pues, escriben novelas, cuentos, poemas, ensayos, reflexiones, producto de un trabajo anual.
- El estudiante ama lo que él produce; si no le gusta, se va por otra línea, pero intenta ubicarse en el frente donde mejor se pueda desempeñar. Procuremos que cada educando defina su estilo.
- El instrumento de trabajo es un cuaderno que particularmente, se llama de NARRATIVA. El estudiante lo llama como quiera y lo debe portar todos los días para que escriba en él según sus gustos.
- ¿Le preocupa el programa de su asignatura o área, por dedicarle un tiempo a la escritura y a la lectura? ¡Nunca! ¿Cuál es su enfoque educativo?

En términos generales, este capítulo de la redacción se encuentra de moda por la necesidad cada día de producir textos. Los grandes ejecutivos de hoy, así como hacen cursos de lectura, de igual manera hacen cursos de redacción porque la calidad y el ritmo de la vida lo exige. Hemingway dijo alguna vez, "Escribir sencillo es difícil". Es cierto, ya que muchas veces pecamos por el exceso del estilo, de la forma y nos olvidamos del contenido. Shopenhauer habló de "Decir cosas extraordinarias con palabras sencillas". Y Miguel de Unamuno llamó a esta acción, "La lucha por el sentido de las palabras".

Capítulo 3

Lectura

Todos debemos leer para aprender a leer, y cada vez que leemos aprendemos más acerca de la lectura.

Frank Smith

l objetivo fundamental de este breve estudio es demostrar que si los estudiantes de primaria y secundaria no leen bien, no tienen lectura, con mucha dificultad llegarán al conocimiento.

¿Qué es leer?

Sobre la lectura y sus procesos se han escrito valiosos estudios de gran interés y utilidad. La respuesta a la pregunta es, entonces, "la búsqueda de sentido de un texto"[1]. Leer

---

1   JOLIBERT, Josette. *Primer congreso nacional de lectura.* Santafé de Bogotá: Fundalectura, mayo 1993.

no es descifrar. Entendemos la lectura como un proceso complejo en el que el escritor y el lector viven un encuentro. Es un proceso dinámico de construcción cognitiva. En él intervienen la afectividad y las relaciones sociales. Leer es relacionarse con el mundo, con el conocimiento en las diferentes etapas de la vida. Es tomar la reflexión de otro para mi propia reflexión. "La lectura es una forma de escritura: cuando leo, le doy vida a lo que está escrito; luego los dos procesos son complementarios"[2].

> ## Reflexión
>
> *Intercambie ideas con los compañeros de trabajo sobre los siguientes interrogantes:*
>
> *¿Quiénes tienen derecho a leer?*
> *¿Por qué no se lee?*
> *¿Se puede pagar en el mercado el valor de un libro?*
> *¿Entre ustedes cuántos libros han leído últimamente?*
> *¿Cómo leen sus hijos, sus amigos, sus familiares?*
> *¿Leen con ellos?*

¿Qué es aprender a leer?

El aprendizaje de la lectura es un proceso continuo, de nunca acabar. Josette Jolibert plantea que es el niño quien autoaprende a leer con la ayuda del profesor y por la interacción con sus compañeros. En este proceso es muy importante el papel del maestro. Él debe facilitar, apoyar

---

2   DA SILVA, Ezequiel, T. IBIDEM.

y ayudar a restaurar ese proceso de resolución de problemas. ¿Y qué función desempeña la escuela? En la escuela aprender a leer es aprender a interrogar cualquier texto en función de las necesidades de quien lo lee, hacer una lectura comprensiva de aquellos textos que sean significativos para ese niño lector. Algo es significativo porque es trascendental para mí, porque me interesa, porque tiene un alto valor; y el niño descubre esa grandiosidad, esa vitalidad de un buen texto.

Si el niño se enfrenta a un buen texto, fácilmente él puede contar de manera oral a sus compañeros un cuento manteniendo la estructura de unidad y secuencia. ¿Por qué? Porque le agrada, lo retiene en su memoria, y porque hace parte de sus proyectos de vida.

De manera fácil se puede confundir aprender a leer con aprender a conocer o reconocer las letras. No es esto. Es comprender textos completos, auténticos, desde el inicio hasta el final. Si el texto me permite crear algo a partir de la lectura, se puede decir que he aprendido a leer. En suma, aprender a leer es buscar información de un texto y no deletrear palabras.

Reflexión

¿Es el silabeo un problema en el aprendizaje de la lectura? ¿Cómo leen sus estudiantes? ¿Cómo lee usted? ¿Cómo hace para no olvidar un texto leído? Si un estudiante, en lugar de leer la obra auténtica, de principio a fin, lee un resumen de Los mil libros, ¿cómo le hace ver que la obra auténtica es una cosa y el resumen o fragmento es otra?

¿Qué es saber leer?

Es extraer significado de un texto en cuatro niveles:

Informativo: son los trozos de información dados por unas reglas. El autor supone algo del lector y organiza el texto.

Retórico: es el significado de la información. Son los propósitos del autor.

Textual: la lengua y su gramática indican tales propósitos.

Nacional: es el diagrama que el lector hace del libro: su color o colores, la forma, el lugar, el tiempo, los personajes.

En estos niveles se da la situación comunicativa entre autor-libro-lector. Es necesario que el lector también identifique el tipo de texto que llega a sus manos, y cómo está constituido desde los subtítulos, los campos semánticos, la puntuación, la sintaxis, el vocabulario, la ortografía. El texto es un mundo mágico y la lectura de él es vivir, abordar esa fantasía. Buñuel dijo alguna vez que "Cada vez que se deje de leer se está castrando la imaginación".

Una buena lectura tiene que ser iteractiva (texto-autor-lector), ser comprensiva (de qué trata el texto), flexible (entender el texto porque el lector posee una previa información acerca del libro; si los conocimientos del lector son escasos, la lectura es lenta, difícil de comprender).

La lectura, además, debe ser gradual, progresiva; el lector aumenta su ritmo de enriquecimiento, para toda la vida, también de una manera progresiva. Nadie lee para aburrirse, al contrario, porque se cree que ese libro propone algo como proyecto para mi vida, luego, tengo que leerlo con agrado y entusiasmo. La lectura es más eficaz y con mayor progreso en los lectores cuando se definen objetivos de esa lectura.

Nunca se debe leer por obligación ni para fatigarse. El libro es un manantial de vida.

Un buen lector aplica el monitoreo, es decir, a medida que lee, supone qué va a suceder en el renglón y en la página siguiente; anticipa, se cuestiona ¿para qué me sirve lo que estoy leyendo?, ¿estoy entendiendo lo que leo? Un buen lector es un evaluador del texto.

¿Cuál es el papel del maestro ante la lectura?

• Primero que todo que los estudiantes lo reconozcan como lector.

• Planear los intereses de los estudiantes al lado de los padres de familia y de los mismos estudiantes. Los padres de familia deben acercarse a la institución con fines lectores y no solamente por un boletín de calificaciones. Por eso el maestro es un consejero de textos, de lecturas, de obras.

Él es un conocedor de textos para que los estudiantes se inclinen por ellos y los lean. El maestro debe irradiar lecturas, despertar en ellos la magia de la palabra escrita.

• Debe orientar los propósitos de la lectura para que los estudiantes reconozcan un buen escritor.

• Proveer información que guíe la lectura. Esa información la va a necesitar el lector para entrar en el texto.

- El educador debe fomentar la lectura interdisciplinaria y entrenar al estudiante en tres pasos básicos:

  - *Análisis:* destacar los elementos constitutivos de un texto: títulos, subtítulos, párrafos, oraciones.
  - *Comprensión:* captación de la información escrita. Recepción del mensaje del autor.
  - *Interpretación:* complementar la comprensión.

Descubrir el significado del mensaje.

La síntesis, la explicación y otros pasos también son conveniente manejarlos, se sugiere que su aplicación sea gradual.

¿Cómo leer? Los libros están escritos y siempre se mantendrán llenos de vigorosidad. Jamás podrán ser desplazados.

Lo que hace falta es ganar lectores, no matar lectores. Y se ganan lectores en el momento en que ellos encuentran en la lectura un manantial de cosas bellas que sólo la palabra escrita puede relatar. "¿Todo eso lo dice el libro?", sería la pregunta de alguien cuando se le lee o se le comenta el contenido de un texto. Y motivado por la información del libro, el que preguntaba asustado termina leyendo con avidez el texto.

Es por esto que se propone que la lectura debe ser, entre otras cosas, una actividad lúdica, animada, viva. Es necesario crear ambientes de aprendizaje para esa comunicación de taller con el fin de adquirir información, datos sobre el entorno del individuo y su relación con la lectura.

Taller 1: Diagnósticos o encuesta sociobibliográfica

Objetivo

Identificar algunos rasgos del entorno del individuo en relación con la lectura.

Como lo indican las palabras (diagnóstico-encuesta), al aplicar este modelo es conveniente destacar varias cosas:

- Inevitablemente se debe aplicar en el primer mes de trabajo con los estudiantes, previa ilustración por parte del profesor.
- Lo anterior permite medir objetivos y procesos iniciales y terminales de una manera más precisa.
- Es responsabilidad de todos los docentes conocer de algún modo este documento. Para ello es indispensable consultarlo cada vez que se requiera con el fin de mejorar las acciones. Si en el mes de abril hay fallas de lectura o escritura en el estudiante, es necesario que el docente acuda a este instrumento o a otro para obtener una idea general de él en esos campos. Lo mismo se puede hacer con un curso en general: queremos saber por qué la mayoría no lee, y la encuesta nos puede orientar acerca de la problemática del colectivo.
  Este diagnóstico no soluciona nada si se trabaja aisladamente; nos puede proponer alternativas de solución bien sea por ensayo y error o por solución planeada.
- Al llamarlo sociobibliográfico, ubica al estudiante en su entorno social (familia, escuela) y en relación con los libros. Por tanto, la misma encuesta se puede aplicar en el segundo semestre para analizar el desarrollo del proceso, especialmente, el resultado de los correctivos institucionales.

- Un salón de clases lo habitan personas diferentes en todos los sentidos. Se sabe que todos los individuos tienen características distintas. Sin embargo, se cae en el error cuando se exige que todos lean o escriban al mismo ritmo. Hay que hacer las distinciones del caso. En el aula encontramos hijos únicos, menores, mayores, huérfanos, hijos que no viven con sus padres o que los ven el fin de semana... ¡son diferentes! Y queremos que todos den respuestas iguales.

- La encuesta nos permitirá, por ejemplo, darnos cuenta si en la casa del estudiante nadie lee; entonces, él no imita o no toma de alguien esa actitud.

- La encuesta o diagnóstico debe ser ajustada para lugares específicos, como las zonas marginales, las zonas rurales. Son obvias las razones.

- Orientación, sicología, consejería, lasdiferentes áreas, coordinaciones, todo un equipo de trabajo debe interactuar alrededor de los resultados del muestreo. Esto no es solamente para los profesores de español. Antes de juzgar airadamente por qué hay problemas de lectoescritura en determinados estudiantes, detectemos algunas causales del problema, y actuemos.

- En los talleres que se han dictado, se ha hecho énfasis en la importancia de involucrar en el proceso al padre de familia. Es el ideal, y un gran soporte es la Escuela de padres.

- Veamos un modelo de los estudiantes con el fin de aplicar estrategias que permitan dar solución al problema de lectoescritura.

Propuesta de encuesta para detectar la situación sociobibliográfica de los estudiantes con el fin de aplicar estrategias que permitan dar solución al problema de lectoescritura.

Esta encuesta se debe desarrollar en el primer mes de clases y se debe anexar a la ficha acumulativa. Se puede crear otra en el equipo de docentes.

Encuesta

Instrucción: Esta información es de interés para Ud. y para la Institución; por tanto, responda con sinceridad y en forma clara. Marque con X.

Apellidos ___________________ Nombre ______________________
Edad _________ Curso __________

		SÍ	NO

1. ¿Le gusta leer? □ □

2. ¿Qué le gusta leer? ___________________________

3. ¿Tiene un lugar en su casa reservado para sus libros? □ □

4. ¿Tiene un lugar en su casa reservado para la lectura? □ □

5. ¿Cuál es su horario de lectura? ___________________

6. ¿Cree que sabe leer? □ □

7. ¿Lee alguna revista de interés? □ □

   ¿Cuál? ___________________________________

8. ¿Ha leído un libro últimamente? □ □

   ¿Cuál? ___________________________________

9. ¿Quiénes leen en su casa?

   Padre □   Madre □   Hermano □

   Familiar □   Ninguno □

10. ¿Cuándo compran el periódico?

    Todos los días □ A veces □ El domingo □ Nunca □

11. ¿Cuántos libros tiene su biblioteca?

Aproximadamente ☐ Ninguno ☐

12. ¿Le gusta escribir? ☐ ☐

13. ¿Sobre qué escribe? _______________________________

14. ¿Cree que tiene ortografía? ☐ ☐

¿Por qué? _______________________________

15. ¿Cuál es su propósito para mejorar la lectura y la escritura?

____

Observaciones del colegio:

Profesor (es): _______________________________

____

____

Fecha: _______________________________

En síntesis, la encuesta o diagnóstico nos da luces en algunos aspectos. Por ejemplo, a los estudiantes no se les puede exigir la misma interpretación que hacen los adultos, ya que todos no tienen el mismo nivel de comprensión de lectura. El educador debe tener un conocimiento del medio al que pertenecen sus estudiantes para ayudarles a orientar en la necesidad de conseguir materiales para leer, en la organización del tiempo para la lectura fuera del aula. Es más, como la escuela debe ser un gran promotor de lectura, en ella se deben realizar actividades entre los tres estamentos de manera que haya una influencia sociocultural del medio ambiente por la lectura. La escuela con su biblioteca debe ser un continuo facilitador de libros para que el estudiante, el padre de familia, el maestro lo lleven a casa. El estudiante debe conocer tanto al profesor como al padre de familia como lectores, para así intercambiar libros, revistas, periódicos.

Y si en el plantel no hay bibliotecas, hay que diseñar estrategias que permitan que en un rincón del aula, o en un agradable lugar del establecimiento se organice un espacio para los libros, textos que serán conseguidos mediante campañas o solicitudes a entidades que pueden aportarlos.

> ## Reflexión
>
> *Se ha dado cuenta de algo muy importante: los estudiantes y los hijos pueden llegar a la lectura por imitación.*
>
> *¿Cuál es el resultado de esta encuesta?*
> *¿Cuánto tiempo le dedica a la lectura en su casa o en el trabajo?*
> *¿Qué le dicen sus hijos o familiares cuando lo ven leyendo?*
> *¿Fomenta la lectura con sus vecinos?*

Clases de lecturas

Se ha hablado de la lectura pero no se han especificado algunas clases de ellas. Es necesario hacerlo ya que este texto pretende demostrar la interdisciplinariedad en la lectura, y procurará comprobar, con los documentos talleres la universalidad de la lectura. El ideal apunta a que tanto educador como educando identifiquemos cada una de estas clases para aplicarlas en el quehacer pedagógico. Son pasos posibles para acercarnos a una lectura perfecta. Y se proponen las siguientes clases de lecturas:

Mecánica: Es aquella donde encontramos el proceso de valoración de los signos gráficos de lo escrito. Es la lectura oral y tiene que ver con la producción de los sonidos.

La persona que lee requiere seguridad para comunicar y enfrentarse a un grupo que la escucha. Más adelante veremos que es indispensable predisponer al estudiante para leer.

En esta clase de lectura se deben tener en cuenta los siguientes aspectos:

- La pronunciación: tener claridad al expresar determinados sonidos como d - t - b - p.
- La articulación fonética: es el encadenamiento, la unión entre la palabra o partícula que termina y la diferenciación bien nítida con lo que sigue a continuación, "Vamos a leer un gran libro".
- La acentuación fonética: tener en cuenta si las palabras son agudas, graves, esdrújulas, sobreesdrújulas.
- Entonación: son las pausas y la modulación que hacemos al leer. Este paso es clave para una buena comprensión de la lectura ya que tiene que ver con el uso acertado de los signos de puntuación.

Conceptual: Este paso de la lectura se fundamenta en el uso del diccionario. El educador debe dar las pautas al estudiante de cómo usarlo, cómo buscar determinadas palabras y sus aceptaciones. Para ello es necesario que el estudiante conozca las abreviaturas con el fin de comprender y recordar las categorías gramaticales. Si hay un buen uso del diccionario, no sólo para palabras desconocidas sino para reafirmar las conocidas, se entra a ampliar el léxico a base de la polisemia, las palabras homófonas, los sinónimos, los antónimos, las palabras parónimas...

Contextual: se fundamenta en la morfosintaxis (las clases y el orden de las palabras en la oración de acuerdo con su forma y su función). Se debe tener en cuenta la concordancia o correlación de palabras.

Interpretativa: con las dos anteriores integran la lectura competensiva. Esta lectura interpretativa tiene que ver con la preceptiva literaria (identificación de las figuras literarias). Con base en esas precisiones (por ejemplo, interpretar una interjección, ¡ajá!, o palabras como carajo, ¡carajo!) hay una gran aproximación al entendimiento del texto.

Analítica: ubica específicamente el género literario. Este paso es consecuencia de las anteriores lecturas. Se dan las bases para la valoración de la obra, el estilo del autor, el autor y la obra. Con las dos que siguen a continuación integran la lectura funcional.

Valorativa: se fundamenta en la analítica. Aquí se considera si la obra leída es buena, regular o demasiado pobre; si es significativa o no, qué características positivas o negativas tiene. Cuando se llega a este proceso de la lectura es cuando surgen los grandes críticos literarios, tan escasos hoy en día.

Asimilativa: permite demostrar qué es lo que a mí me interesa de lo leído, qué me sirve, qué me aporta esa lectura, qué me dejó, en qué enriqueció mi vida.

Si tenemos en cuenta estas clases de lecturas y aplicamos el proceso anterior para una buena lectura, se evitarían problemas como los que a continuación se mencionan y que son comunes:

- Una lectura demasiado lenta, con muchas pausas.
- Una lectura demasiado rápida que nos puede evitar la comprensión.

- Una lectura en la que se prolonga la pronunciación de una letra (Coooooolombia por Colombia).

- Lectura exclusivamente silabeante (recordemos el método analítico y el método ideo-visual): no hay agrupamiento de palabras para leer de manera global; dificultad para retener un amplio campo visual.

- Lectura vacilante, titubeante. Hace pesado el ambiente a quien escucha, incluso, ni el mismo lector comprende lo que lee. Es un problema más visual que de cualquier otra índole.

- Lectura con saltos de palabras, renglones, inclusive, párrafos. Es muy común este problema de concentración en la secuencia.

- Una lectura en voz alta en la que se repite una sílaba o un monosílabo (Bo - bo - go - tá por Bogotá).

- Lectura repetida silenciosa en la que el individuo, primero lee en voz baja y luego lee en voz alta. En este caso hay una pérdida valiosa de tiempo, especialmente, porque el fenómeno se da es con lectura de palabras mas no de trozos.

- Lectura en la que la persona lectora cambia sin ninguna explicación una palabra por otra, en algunos casos son sinónimos, en otros parónimos, irrespetando el contexto, a veces distorsionándolo.

- Lectura con deficiente capacidad comprensiva al no recordar lo leído. Es de los problemas más lamentables en la lectura.

- Una lectura en la que el lector sigue la ruta de las palabras con el dedo o con otros sistemas de apoyo. Esto es un error grave porque cuando no lo puede hacer, entonces, se le dificulta leer. Además, es muy difícil estar concentrado en dos cosas en procura de loables resultados: por un lado en el texto en sí, y por el otro, en el dedo, en el lápiz o en la reglilla.

- La subvocalización o articulación de las palabras en voz baja durante la lectura silenciosa.

- Y uno de los problemas más fatigosos es el que tiene que ver con los movimientos al leer: se cambia de posición, se mueve la cabeza, se rasca, suda, tose, ubica desproporcionadamente el cuerpo respecto al pupitre o escritorio.

- Omitir en la lectura el sentido o significado de un término o una frase por no tener a la mano el diccionario.
- Carencia de capacidad de síntesis y de detección del tema, oración directriz, ideas secundarias...

Reflexión

¿Hemos descuidado estas clases de lecturas y sus pasos planteados que nos pueden ayudar a un mejoramiento de ella?

¿Los pasos anteriores se pueden llevar a cabo, todos, con un mismo texto?

¿Hemos descuidado el uso del diccionario?

Estamos a tiempo para aplicar acciones que nos permitan mejorar los niveles de lectura, escritura y expresión oral. Tengamos en cuenta que el buen hablar es el comienzo del buen leer, y la lectura, es entonces, la interpretación de la escritura.

Algo fundamental en la lectura es la actitud mental del lector. Una actitud despierta, activa, centrada en la lectura será la que nos permita copiar, captar rápidamente el pensamiento del autor.

Tanto el educador como el educando deben recordar y poner en práctica que no es lo mismo leer por esparcimiento o entretenimiento (cuando leemos novelas policíacas, relatos de viajes, libros de humor, revistas de información general), y una lectura de carácter cultural (esta lectura es más lenta, crítica y razonada y es la que tiene que ver con ensayos filosóficos, sociológicos, crítica literaria, biografías), y por último, una lectura profesional o de estudio en la que es importante la memorización, ya que hay que retener una serie de datos concretos; por tanto, es una lectura más lenta y que permite la toma de notas, el subrayado de libros y los resúmenes esquemáticos.

Cabe anotar que hay libros documentales como enciclopedias, diccionarios, libros didácticos. La lectura de ellos tiene como objetivo brindar información. Esta lectura requiere una previa información u orientación por parte del profesor.

Inclusive, el maestro debe ayudar a buscar la información que necesita el estudiante.

Esta lectura se enriquece con el intercambio de ideas con base en lo leído. Es una lectura documental o funcional.

No hay cabida a la interpretación. El texto dice que la capa de ozono es así y punto, nadie lo cambia. Con estas obras documentales se cae mucho en el error de la "investigación", confundiéndose con copia de la información. De ahí que el papel del maestro es el de un dador de problemas para que el estudiante de manera inquieta y creativa busque las respuestas a los interrogantes que el tema y la lectura les plantea. En esta lectura se deben formular preguntas y seleccionar material leído.

En síntesis, los estudiantes también deben tener contacto con obras documentales, pues éstas los enriquece más como lectores.

Como la lectura debe ser una actividad viva, recreativa, de procesos continuos, es necesario tener en cuenta algunos detalles para ese logro, como los siguientes:

- Predisponer físicamente a los estudiantes para la lectura. Como el locutor cuando se alista para entrar en cabina, el estudiante debe hacer ejercicios de voz, de movimientos de sus músculos bucales y faciales para ensanchar las cuerdas vocales. Asimismo, ejecutar ejercicios respiratorios -aspiración, expiración, tomar aire y mantenerlo por el mayor tiempo posible, luego expusarlo-. Limpiar la garganta.

- Practicar la lectura oral -fotografía visual del texto, captación de ideas generales-. Cabe destacar que la lectura oral se considera como una de las actividades de sumo privilegio para la enseñanza de la lectura en la escuela. Esta es una lectura de comunicación y se hace uso de ella cuando leemos a otras personas. Es un principio de la narración oral. Se debe alternar con la lectura silenciosa ya que ésta da mayor rapidez. Según las estadísticas, un lector silencioso lee tres veces más rápido que un lector que vocaliza. Es indispensable que el estudiante lea en voz alta sus escritos, ya que él conoce lo que lee, y le debe aportar sus emociones personales con correcta entonación, puntuación, ritmo, acento, toma del libro, posición lectora.

- Argumentar de manera oral lo leído: un estudiante demuestra el enriquecimiento de la expresión oral; los demás escuchan para luego anexar detalles.

- El profesor lee, como modelo; los estudiantes comparan con la lectura que hizo el estudiante anterior.

- Recrear el contenido de la lectura con carteleras alusivas, plastilina, objetos, maquetas y otros aportes creativos que puedan complementar la diagramación e ilustración del libro y su contenido.

- Representar con la danza, el juego, mimos, títeres y otros aportes, la obra leída.

- Reelaborar la obra tanto en forma oral como escrita, de manera individual o grupal proponiéndole otro título, otros personajes, otros espacios, otras circunstancias de tiempo, otro final...
- Organizar telenoticieros y radioperiódicos con base en el contenido de la obra. Crear melodramas, radionovelas...
- Organizar concursos de preguntas y respuestas u otros sobre la obra y el autor, retomando algunos noticieros de televisión o de radio.
- Inventar rondas con refranes, trabalenguas, retahílas, jerigonzas, coplas con vocabulario o ideas extraídas del texto.
- Recrear la historia por medio de imágenes mudas, bien sean caricaturas u otros dibujos.
- Cada lectura tiene que generar narradores orales o cuenteros.
- Generar actividades dentro y fuera del aula que interactúen con el entorno del niño o lector y que se interrelacionen con otras áreas.
- Sugerir que el estudiante aprenda de memoria una frase del libro y la explique como proyecto de vida; que aprenda de memoria un poema, una canción, un refrán, un chiste y lo exprese públicamente en la clase siguiente (como una consecuencia de la lectura del texto en clase).
- Generar y verificar conjeturas, hipótesis de acuerdo con la obra (lo puede relacionar con otras obras que haya leído).
- Observar, asociar, relacionar, decodificar el texto y quedar motivado para abordar una nueva lectura.
- Con la riqueza adquirida por el juego de la lectura en el aula, el estudiante debe continuar el proceso en la casa con sus padres, demás familiares y amigos.

Para ello debe disponer de horas en que no tenga otros compromisos, y de un lugar apropiado donde no tenga distracciones (claro que el profesor Daniel Pennac pregona el derecho a leer en cualquier sitio, según aparece en *Como una novela*).

- Es importante que el estudiante elija sus lecturas.
- El estudiante debe saber explorar un texto, según las orientaciones dadas por el profesor.
- Hay que ubicar al estudiante en situaciones de aprendizaje en que la lectura sea una herramienta fundamental para tener acceso al conocimiento.
- El adolescente necesita marcos referenciales de comportamiento, realidades que le ofrezcan alternativas y salidas a sus conflictos y problemas. La literatura le facilita esas experiencias.
- El maestro debe tener en cuenta cómo va a presentar la obra que van a leer los estudiantes. Se deben crear expectativas en torno de ella.
- Según la obra, con anterioridad los estudiantes deben imaginar algunas experiencias que el maestro sabe que están en la obra. Por ejemplo, un naufragio, la muerte, las aventuras de un personaje jocoso, y otras.
- Después de leída la obra se deben relacionar algunos personajes con determinados estudiantes. Fomentar un espacio hipotético, imaginativo y real a la vez.
- Relacionar la obra con las vivencias del mundo moderno.
- El maestro debe propiciar diálogos con grupos de lectores para comentar la obra.
- En las instituciones donde hay computadores también se puede generar lectura con éstos. Los audiovisuales hacen parte de la forma de recrear la lectura con la imagen. El procesador de palabras es un valioso aporte para tal fin. "En vísperas del siglo XXI aprender a leer los textos audiovisuales es condición indispensable de la vigencia y el futuro de los libros - sólo si los libros nos ayudan a orientarnos en el mundo de las imágenes, el tráfico de imágenes nos hará sentir la necesidad de libros", afirma Jesús Martín Barbero.
  Esto quiere decir, en resumidas cuentas, que el libro jamás perderá su vigencia universal.

> ## Reflexión
>
> *Un estudiante estaba haciendo una actividad diferente de la clase en que estaba en ese momento. El profesor, como castigo, le ordenó leer para el día siguiente María, de Jorge Isaacs. El estudiante obedeció ciegamente la orden -el caso es verídico y tan pronto llegó a casa comenzó a leer el libro-. Fue tanta la fatiga que le produjo la ansiedad que la madre del joven le acompañaba y le colaboraba leyéndole ella también.*
>
> *¿Qué opina usted de este caso?*
> *¿Cree que el joven terminó de leer el libro? Y si lo hizo, ¿qué resultados obtuvo como lector?*
> *¿Cuál es su punto de vista sobre ésta y otras maneras de matar lectores?*

Taller 2: Recreación de la obra

Objetivo
> *Hacer de la lectura un juego.*

Los niños de sexto grado leen el libro *Solomán*, de Ramón García Domínguez -Español-.

El profesor para encauzar el texto que los estudiantes leerán, los motiva con breves interrogatorios acerca de los Superhéroes que ha creado la fantasía del hombre. Los estudiantes hablan sobre las virtudes, los poderes que cada uno de ellos tiene, quiénes son sus amigos y enemigos, qué los destruye, cuál es su campo de acción, cuáles son sus armas, si tienen novia o novio, si son casados o casadas; en fin, hay una agradable tertulia sobre ese tema. Los niños preguntarán el porqué de esta actividad. Entonces, el profesor les dice que el libro que van a leer trata sobre otro Superhéroe que no está en la lista que han dado. ¿Cómo es? ¡Dibújenlo!

Los estudiantes hacen lectura silenciosa. El profesor orienta la lectura oral con el suspenso por lo que hará Solomán.

Terminado de leer el libro se abre el interrogatorio sobre el final del texto, lo que más les llamó la atención, si alguno de ellos hubiera sido Solomán cómo hubiera actuado para llevar la amapola a Angela, qué valores se plantean en la obra, y otras preguntas de interés general.

Los estudiantes pueden hacer una representación de la obra con sus respectivos disfraces.

Se les puede sugerir que adapten la historia hacia un conflicto mundial donde ellos como Superhéroes tienen que solucionar dicho problema.

Taller 3: Elaboración de maquetas

Objetivo
Correlacionar la literatura con la arquitectura.

Los estudiantes leen el cuento *Casa tomada* de Julio Cortázar - argentino, fallecido-. El maestro lleva a los estudiantes por el mundo misterioso de lo que es una casa grande, abandonada, antigua, de ruidos y sonidos que asustan. Los motiva para que hagan un breve estudio del dossier de su casa: cómo son las puertas, las ventanas, el baño, el patio, qué es lo más importante de una casa, qué papel desempeñan las escaleras de una casa, qué es el cuarto de los chécheres, ¿puede haber una casa sin cocina?

Así los estudiantes se han preparado para abordar ahora sí, el cuento de Cortázar. Terminada la lectura el maestro cuestiona si se entendió lo que pasó en aquella casa. Si no se captaron algunos elementos, es necesario hacer una puesta en común para dilucidar el relato.

Acto seguido, el maestro organiza el curso por grupos y les propone un concurso sobre la mejor maqueta de la casa en donde se desarrollan los hechos. Además, con plastilina, los estudiantes representarán las acciones que se dan en la obra, lo mismo que simbolizarán cada uno de los detalles que ocupaban aquella casa.

Terminada esta actividad, los estudiantes relatarán algunas vivencias que se puedan relacionar con los sucesos de la casa de Cortázar*, a la vez que demostrarán para qué les ha servido esta lectura, qué nuevos valores hemos podido rescatar con la lectura del cuento. Es indispensable que los estudiantes propongan otros finales del relato sustentándolos con valiosos elementos o fundamentos.

---

*   Ver *Cuentos Fantásticos*. Edit. Magisterio

Taller 4: La lectura en las distintas áreas del currículo

Objetivo

Diferenciar las clases de lectura que hacen parte del currículo.

La lectura en las distintas áreas del currículo
(David L. *Lectura para todos*)

Aunque la capacidad de lectura se aplica a todas las áreas del currículo, existen diferencias en la forma en que el estudiante pueda aplicarla. La naturaleza material -su estilo, densidad y concreción-, y la relación entre habilidad y contenido requieren instrucción para capacitar en cada área.

También, su naturaleza regula el énfasis dado a cada capacidad. Estos énfasis difieren entre las áreas del currículo.

En la clase de español el tipo de material que leen los estudiantes, es, principalmente, narrativo y descriptivo. Con frecuencia se trata de literatura de ficción. El encuadre, clima y acción para crear una imagen o un sentimiento en el lector. Gran parte del material en español trata de la condición humana que encierra la relación del hombre con otros hombres, consigo mismo, y las fuerzas naturales cósmicas. Por tanto, se destacan la habilidad de interpretación y apreciación.

En los estudios sociales el estudiante lee prosa de tipo informativo, en la cual necesita ver la organización de los datos del autor. El énfasis en la capacidad para los estudios sociales incluye el vocabulario y la lectura interpretativa con referencia a la secuencia de hechos, relaciones de causa a efecto, y conceptos de tiempo, lugar y espacio. La precisión histórica, un aspecto de lectura crítica, así como la desviación del autor y un análisis de propaganda deben ser observados y analizados. Se debe prestar especial atención a materiales gráficos, tales como mapas, esbozos y gráficas.

En ciencia, el estudiante enfrenta material distinto de las clases de español o el de los estudios sociales. Es muy intenso y abundan en detalles importantes. Esta condición requiere que él pueda organizar la información, es decir, captar las ideas principales y los detalles pertinentes relacionados, seguir la explicación detallada de un proceso y clasificar las ideas para resumirlas dentro de un orden lógico. También es preciso poner el acento en la habilidad en lectura interpretativa para observar así las relaciones entre los hechos, y formular generalizaciones lógicas y precisas. Se requiere una lectura detallada y altamente especializada para seguir direcciones en la conducción de un experimento.

Las fórmulas y ecuaciones, especialmente en los niveles superiores de la ciencia, ofrecen al estudiante un tipo de lectura altamente abstracto en el cual hay una representación simbólica de oraciones que a su vez son símbolos del lenguaje para el pensamiento. Por último, las áreas de la ciencia tienen un gran número de palabras técnicas y generales utilizadas técnicamente. Necesitan una lectura lenta, criteriosa, que requiere precisión y análisis en el enfoque para resolver problemas.

La matemática es bastante similar al área de la ciencia en lo que se refiere a destacar las habilidades de lectura. El estudiante debe poder seguir los pasos de la explicación de un proceso que también implica conceptos. La matemática tiene un amplio vocabulario, tanto de términos técnicos como no técnicos. Muchos estudiantes se confunden en lo referente a palabras que indican un proceso en la relación tales como incrementado por, de donde, implica que. Además los estudiantes necesitan ayuda para leer ecuaciones, fórmulas y tablas. El material impreso en matemática tiene una densidad extrema que requiere un modo lento y meticuloso de leer. Excepto en ciertos momentos de la ciencia, el estudiante no encuentra material de esta naturaleza en ninguna otra área.

El vínculo común para todas las áreas del currículo es el lenguaje y dependen de la facilidad con que el estudiante lo maneje. La comprensión de un tema está relacionado con el simbolismo del lenguaje, que le permita, en gran parte, alcanzarla. La eficiencia en el lenguaje usado es la matriz para la comprensión en cada una de las áreas del currículo.

Al leer el anterior documento, usted tuvo en cuenta:

- ¿Localizar la oración directriz?
- ¿Localizar la idea principal?
- ¿Localizar ideas secundarias?
- ¿Localiar las palabras avance, palabras pausa, palabras retroceso?
- ¿Es una lectura asimilativa? ¿Por qué?

Taller 5: Comprensión de lectura a partir del diseño y solución de crucigramas

Objetivo
Aplicar de manera lúdica un modelo de comprensión de lectura.

Este taller tiene mucho que ver con las pautas evaluativas aplicadas actualmente. ¿Se puede evaluar un libro con una actividad lúdica como es diseñar y solucionar un crucigrama sobre el texto leído? ¡Claro que sí! No pensemos siempre en la prueba objetiva. Los actos creativos del estudiante pueden aportar interesantes elementos. El mismo hecho de crear, inventar individual o colectivamente un crucigrama, invita a la reflexión, a la propuesta de algo y a la puesta en el cuaderno de múltiples ideas. Y solucionarlo, implica jugar con la imaginación, con los conceptos aprendidos, y sobre todo, implica utilizar cognoscitivamente lo lúdico.

Esta propuesta se fundamenta en crear y resolver crucigramas. La técnica o técnicas para hacerlo es lo de menos.

Lo importante es que sea una fórmula más para enfrentar el problema de la comprensión de lectura.

También se aplica como una estrategia para evaluar contenidos en cada una de las áreas buscándose como objetivos la aprehensión y aplicación de conceptos aprendidos. Inclusive, la obra literaria o documental se puede evaluar con esta fórmula del juego.

Veamos el siguiente modelo:

Instrucción: Después de haber leído en forma *silenciosa* el texto *La lectura en las distintas áreas del currículo* solucione en forma individual, luego compare con el resultado de su compañero el siguiente crucigrama basado en el texto mencionado.

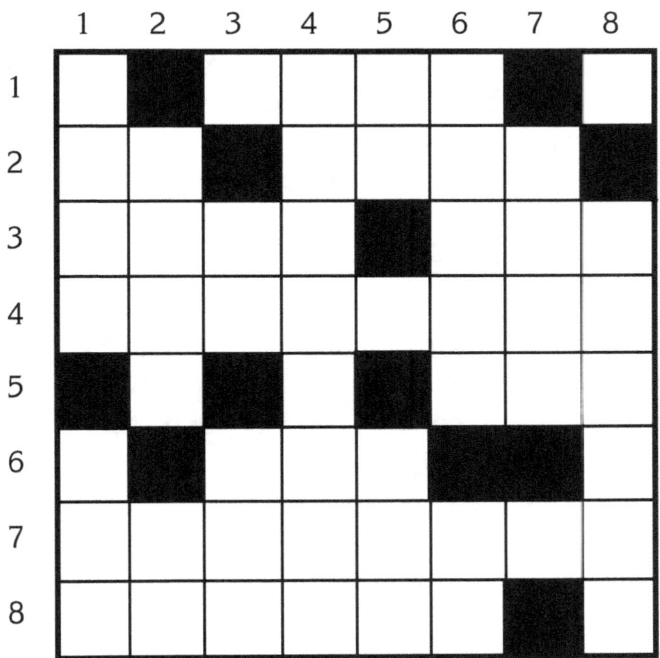

Horizontales

1. Inv. Lo que integra el currículo. Símbolo que significa aceleración en física de 10° grados y que no debe escribirse con mayúscula.
2. Aptitud intrínsica (invertido). Undécima letra del alfabeto español.
3. Un lugar montañoso, no tiene singular pero le falta la S (invertido). La I entre la A y la O.
4. El tema general de este texto, plural (invertido).
5. No hace parte de la lectura pero así se llama un ex boxeador.
6. En este párrafo está la oración principal del escrito.
7. Verbo conjugado, no se encuentra en el texto pero Ud. lo deduce.
8. Además de las ecuaciones y fórmulas éstas también necesitan ayuda para leerlas.

Verticales

1. Número de párrafos que compone este texto, (invertido). En lo referente a matemática se encuentra después de la palabra relación (singular, invertido).
2. Material gráfico utilizado en sociales (invertido). Símbolo químico del calcio.
3. La raíz. Unión Científica Bogotana.
4. Vínculo común para todas las áreas del currículo (invertido).
5. Desinencia de POR (invertido). Poema que requiere habilidad de interpretación y apreciación; no está en la lectura.
6. A veces hacemos esto con el estudiante por no saber leer. Afirmación (invertido).
7. El verbo motriz de este texto, en pretérito imperfecto. (invertido).
8. Lo que diferencia a cada una de las lecturas del currículo, según la naturaleza del material (invertido).

Solución

	1	2	3	4	5	6	7	8
1	S	■	A	E	R	A	■	A
2	I	A	■	J	O	T	A	■
3	E	P	L	A	■	A	I	O
4	S	A	R	U	T	C	E	L
5	■	M	■	G	■	A	L	I
6	L	■	U	N	O	■	■	T
7	A	C	C	E	D	I	A	S
8	T	A	B	L	A	S	■	E

Taller 6: Ordenamiento de párrafos

Objetivo

Aplicar la teoría del párrafo con base en la oración directriz.

La siguiente lectura, en su forma original, es tomada de Ariel Bibliowicz (El Espectador)

¿Párrafo?

La función central de las universidades es la de enseñar a leer y a escribir. Esta es una forma algo simplificada de resumir la labor de estas instituciones pero si sólo lograran dicho propósito estarían cumpliendo cabalmente con su finalidad. En las aulas se vive hablando de investigación. Ahora bien, las dos técnicas indispensables para llevar a cabo cualquier trabajo investigativo son: la lectura y la escritura. Cualquier manual de metodología sostiene que toda investigación comienza con la observación. Esto parece ser una premisa sencilla pero la observación también está compuesta por niveles.

¿Párrafo?

Siempre me encuentro aprendiendo a leer y a escribir. Estos dos oficios tienen niveles y aquellos que los ejercitamos a diario, somos más conscientes de sus complejidades y dificultades. También descubrimos que no se debe esperar la inspiración de las musas: hay que invocarlas y esto sólo se logra con el trabajo. A la vez hallamos que la práctica es la hacedera de maestros y que la única forma de aprender a escribir es escribiendo y de leer, leyendo. Más aún, están relaciona-dos y el uno es para el otro, lo que el fuego es para el cigarrillo.

¿Párrafo?

Como decíamos, la escritura y la lectura tienen niveles y entre más se practiquen más se ahonda en sus misterios. Hay algo que no se debe olvidar: tanto la lectura como la escritura son formas de placer que tenemos los hombres. No son inmediatas ni fáciles de lograr, hay que luchar para conquistarlas; pero valen la pena.

¿Párrafo?

La observación no es el equivalente de lo que registran nuestras retinas sino de lo que registra el investigador en el papel. En el mundo de la investigación la palabra se convierte en nuestros ojos y el papel es el testigo de nuestras impresiones. Las observaciones que se hacen en una investigación son reconstrucciones o si se prefiere recreaciones del mundo visual que se congela en los textos. La palabra escrita tiene la capacidad de vencer el tiempo y el poder de volverse inmemorable; el ojo no. El papel y las palabras son las que nos cuentan finalmente lo visto, en un momento y en un sitio.

Al leer el anterior documento, usted dedujo que los párrafos están en desorden; en consecuencia:

- Ordénelos.
- ¿En qué se basó para hacer este ordenamiento?
- ¿Localizó rápidamente la oración directriz?
- ¿Encontró palabras que se repiten?
- Si en su institución hay computadores, practique el mismo juego en la máquina (mueva bloques). Resultará fascinante y se ejercita el ordenamiento de párrafos de una manera más técnica.

Otro modelo: Ordene los 14 versos del poema *Sé todos los cuentos*, de León Felipe

Y sé todos los cuentos.
Que los gritos de angustia del hombre
Lo taponan con cuentos.
Y he visto
Yo no sé muchas cosas, es verdad.
Que la cuna del hombre
Digo tan sólo lo que he visto.
La mecen con cuentos.
Y que el miedo del hombre
Pero me han dormido con todos los cuentos.
Yo sé muy pocas cosas, es verdad.
Los ahogan con cuentos.
Ha inventado todos los cuentos.
Que el llanto del hombre

¿Qué secuencias le dieron la pauta para el ordenamiento?

Reflexión

1. *Recordemos los niveles de comprensión lectora: literal, inferencial, crítico - intertextual.*

2. *Desarrollemos la interpretación, la argumentación, la proposición preguntando, ¿ qué dice el texto?, ¿quién lo dice?, ¿cómo lo dice?, ¿por qué lo dice?, ¿para qué lo dice?, ¿qué más sabe usted sobre lo que dice el texto?, ¿ usted qué opina sobre lo que dice el texto?, ¿qué le cambiaría al texto?*

Taller 7: Lectura del periódico

Objetivo

*Reconocer la importancia lúdica y cognoscitiva
del periódico como un instrumento de lectura
en el aula.*

Es necesario hablar sobre la importancia de involucrar el periódico en el aula. Y la experiencia en otros países demuestra que el periódico sí se convierte en un dinamizador de la lectura. Entre otras cosas, por el punto de vista noticioso, informativo, ya que el periódico trae en sus separatas documentación reciente, al día; por tanto, este medio de información asocia al estudiante con la realidad mediante la lectura y el análisis de sus páginas.

Es indispensable que el periódico aparezca diariamente en la sala de profesores, lo mismo que en el salón de clases. Existen muchas facilidades y mecanismos para que a la institución llegue el periódico.

Se proponen estas actividades para enriquecer el quehacer pedagógico:

* Lea y discuta la Gazapera, de El Espectador.
* Sugiérale a los estudiantes que recorten los títulos y con ellos formen oraciones, un párrafo, dos o más párrafos.
* Induzca al estudiante a que identifique, lea y analice el editorial del periódico. Demuéstrele la razón y la importancia de esta parte del periódico.
* Sugiérale al estudiante que ojee el periódico; luego, propóngale que haga una lectura mental de algo que le llamó la atención.
* Al azar, nombre un estudiante para que salga adelante y lea con las técnicas que se han planteado.

- Dígale a los estudiantes que busquen artículos o columnas en donde haya relación de su país con el mundo.
  Al leer éstos el estudiante estará en capacidad de trabajar el proceso asimilativo de la lectura.
- Sugiérale que recorte letras del mismo tamaño y forme con ellas chistes, trabalenguas, retahílas, adivinanzas, coplas, pensamientos, máximas, refranes.
- Sugiérale al estudiante una lectura en la que destaque la clase de párrafo que lee, la localización de la oración directriz, la idea principal, las ideas secundarias, el tema, la conclusión, las palabras señales. Nunca descuidemos el párrafo como elemento clave para enfrentar el problema.
- Guíe al estudiante para que lea, comprenda y analice los avisos clasificados, la relación foto y pie de foto, artículo y problema social, los magazines, las separatas y su relación con los intereses de los estudiantes (Gazapera, de El Espectador, es una parte del periódico que sirve a cualquier profesional).
- Usted, como modelo, léale en voz alta un artículo específico.
- Destaque con los estudiantes los diferentes lenguajes de las secciones del periódico. Lean simultáneamente (lectura silenciosa) información social, económica, judicial, deportiva, cultural y trabajen la connotación, la denotación, la sinonimia y antonimia, la polisemia.
- Al leer el contenido general del periódico, los estudiantes deberán recortar artículos, fotos y formar un banco de información para cada una de las áreas.
- Extraiga del periódico una información de interés, saque el texto incompleto, a un lado déle la lista de palabras (en desorden) que deben ir en esos espacios. El educando debe insertarlas correctamente.
  Él hace una lectura de acuerdo con el contexto y toma decisiones respecto del vocabulario. Luego, lee oralmente cómo le quedó su texto completo.

- Componga historias con base en fotografías o avisos publicitarios. Las tiras cómicas también son para leer.
- Diferencie con los estudiantes la noticia del día, tal como la informó la radio, la televisión y el periódico.

Taller 8: Lectura oral de palabras de dudosa pronunciación

Objetivo

Detectar problemas de dicción y otros al leer
palabras de dudosa pronunciación y ortografía.

Al estudiante se le entrega el del listado de palabras para que las lea al frente del grupo. Se tienen en cuenta las pautas de la lectura oral y la velocidad con que se lee. El profesor determina hasta qué renglón lee cada estudiante.

El maestro planteará estímulos y correctivos que se deben seguir.

Ejemplo:

1. Ajada - Abstracto - Obvio - Adviento - Altisonante
2. Actitud - Aptitud - Adquiesencia - Adicto - Adepto - Adjunto
3. Anexionista - Auxilio - Animosidad - Apapagayado - Atavismo
4. Ataxia - Benevolencia - Baturillo - Bragadura - Bruñidor
5. Cabestrante - Calzoncillos - Cuclillas - Dactilográfico
6. Destructividad - Exuberante - Excepción - Ecuanimidad
7. Eteromanía - Exquisitex - Exasperación - Flagrante
8. Frivolidad - Folletinesco - Girardot - Gracilidad
9. Guardagujas - Hallazgo - Homogeneidad - Humectante
10. Ignoto - Intuitivamente - Iterativo - Irreductibilidad
11. Jaramillo - Jacarero - Lascivamente - Laxo - Lazo - Lúgubre

12. Magnánimo - Meteorología - Milmillonésimo - Microcinema
13. Necropsia - Necrópolis - Obturar - Occiso - Obstinarse
14. Parafrasear - Peculiaridad - Perspicaz - Preceptiva
15. Ronronear - Revocable - Rúbrica - Retractar - Rivalizar
16. Subrepticio - Subvención - Supresión - Suspicacia - Soez
17. Transigir - Tacto - Transpensilvania - Ulular - Ungir
18. Urgir - Usufructuar - Vaivén - Voluptuosamente - Yuxtaponer -
19. Zambullidor - Zapatazo - Xilófono - Xilografía - Xenofobia.

Este ejercicio es muy importante; se propone que de acuerdo con el grupo que se trabaje se gradúen las palabras, como en el caso de preescolar, primaria, sexto, séptimo y así sucesivamente. ¿Por qué mayúscula inicial? Para que el estudiante las visualice mejor y para que por su propia intuición distinga la acentuación y la clasificación si son agudas, graves, esdrújulas o sobreesdrújulas.

Taller 9: Ritmo o velocidad en la lectura oral y silenciosa

Objetivo
Demostrar la velocidad o la lentitud según algunas lecturas.

Leer los siguientes textos (oral o silenciosamente).

Texto 1

¿Hay dolores más fuertes que los del alumbramiento? Sí, dicen quienes han sufrido de cálculos renales: la expulsión de estas piedras es tan dolorosa o más que un parto.

Pero como es obvio, hay mucha diferencia entre uno y otro. La principal es que el dar a luz no es una enfermedad. El cálculo sí. Una enfermedad que no tiene edad: se da aun en niños de un año. Y tampoco, en la mayoría de los casos, cura: se reproduce en siete de cada diez enfermos. Pocas veces es posible establecer sus causas.

Revista Credencial

Texto 2

Calibán es anagrama forjado por Shakespeare a partir de "caníbal" -expresión que en el sentido antropófago, ya había empleado en otras obras como la tercera parte del rey Enrique VI y Otelo-, y este término a su vez, proviene de "caribe". Los caribes, antes de la llegada de los europeos, a quienes opusieron una resistencia heroica, eran los más valientes, los más batalladores habitantes de las mismas tierras que ahora ocupamos nosotros.

Su nombre es perpetuado por el Mar Caribe (al que algunos llaman simpáticamente el Mediterráneo americano).

Apuntes sobre la cultura en Nuestra América.
Roberto Fernández Retamar.

Texto 3

Dado que las matemáticas son una actividad verbal y la lógica el estudio de actividades verbales, ambas disciplinas presuponen la lingüística. Sin embargo, las formas del lenguaje que participan en las matemáticas y que se examinan en la lógica, son formas simples y llanamente normales; en

*principio ninguna de estas dos tareas requiere conocimiento
técnico alguno de lingüística.*

Aspectos lingüísticos de la ciencia
Leonard Bloomfield

¿Qué diferencias encontró en cuanto a la rapidez con que leyó estos textos? Recuerde qué clase de textos son.

Taller 10: Plan de lectura en la institución

Objetivo

*Diseñar estrategias para fomentar el gusto por
la lectura en la institución.*

Uno de los compromisos más importantes que atañen a una institución es la creación, consolidación y seguimiento de un plan de lectura fomentado por cada una de las áreas del currículo. Si no hay compromiso y continuidad en el proceso, se pierden muchos esfuerzos. Es por esto que todo experimento debe tener controles a corto, mediano y largo plazo. Y en este proceso institucional, como se dijo anteriormente, debe hacerse partícipe a la comunidad, especialmente a los padres de familia.

Experiencia

Se propone llevar a cabo el siguiente plan de lectura.

- *Los estudiantes asisten a una o dos horas de lectura
  durante la semana en la biblioteca. El otro tiempo,
  después de haberse motivado con el libro, el estu-*

> *diante lo cubre por su propia cuenta, ampliando su horario y dando rienda suelta a su hábito.*
>
> - *Primero que todo, el maestro seleccionó una antología (hay que conocer la biblioteca) literaria y de interés para el estudiantado desde sexto a undécimo grado. Calculando los intereses de los educandos (ficción, policíaca, aventuras, dramas y otros tópicos), el maestro provee una ligera información de los libros que él ha leído, o conoce por el autor u otras referencias. El estudiante acomete, entonces, la tarea de navegar con ese libro bajo la orientación del profesor.*

En este trabajo se vincula al bibliotecario o bibliotecaria. Él o ella toma el listado de los estudiantes, según el grado, y a cada uno le anota el libro para leer en las clases de español o en otras horas. La biblioteca deja de ser un espacio vacío, y se convierte en un recinto dinámico para la lectura.

- El profesor también selecciona un libro para leer con ellos.
- Si al estudiante no le gusta el libro, lo puede cambiar, y el maestro le debe sugerir otro, o si el estudiante mismo decide qué texto leer, mucho mejor.
- Hay casos de jóvenes que se motivan por el libro y lo compran; de esta manera, lo leen en la casa y en la biblioteca del colegio.
- Hay estudiantes que leen uno, dos, tres libros; como también, estudiantes que no alcanzan a terminar el que se propusieron leer, y continúan en ese proceso ya que el tiempo es lo de menos; nos interesa el gusto y el buen provecho del libro.
- Cuando se interrumpe el proceso por determinadas circunstancias,

hay que buscar los mecanismos para enganchar de nuevo con la misma fuerza con que se empezó. Ése ha sido uno de los propósitos con buenos resultados. Recordemos a Daniel Pennac.

- El plan de lectura consiste en que el estudiante lee un texto -obra literaria especialmente, sin descartar la posibilidad o el gusto que él tenga por una lectura documental-. Él se fija su tiempo para leer dicho texto. No hay ningún afán por terminar la lectura, eso lo da la dinámica del libro. Quien termina de leer un libro, se le recomienda el otro, o en otros casos, el estudiante comenta al profesor acerca de su nuevo libro que él mismo eligió.

- En cada mesa de lectura hay un diccionario o más para resolver dudas.

- A cada curso se le elabora una carpeta en orden alfabético que se conserva en la biblioteca en un sitio especial. La carpeta se llama, por ejemplo, *Lectores 604.*

- En esa carpeta el estudiante tiene una ficha para llenar, la bibliotecaria o el profesor la entregan en los últimos diez minutos de la clase.

- El profesor semanalmente revisa cada ficha, evalúa según el plan lector, cómo va el proceso de cada estudiante. Hay que ser muy claros: esto es un proceso de inducción, luego, la mejor evaluación es la autoevaluación, el diálogo entre el estudiante y el profesor acerca de la obra leída, intercambiar ideas sobre los aportes de la obra para el proyecto de vida de cada uno.

- En el desarrollo de este proyecto se involucraron otras áreas, con sus objetivos específicos.

- Se planeó un horario, en asocio con la bibliotecaria.

- Los estudiantes pueden llevar el libro al aula; sin embargo, falta concretar el préstamo a domicilio.

- El docente también lee un libro, revista o periódico con los estudiantes.

- La experiencia ha demostrado que el tiempo es muy corto, especialmente porque se necesitan más libros, más espacio.

<table>
<tr><td colspan="2">

Institución Educativa
PEI
Área proyecto

Estudiante: ______________________________ *Curso:* ______

Docente: ______________________________ *Ficha No:* ______

Instrucciones:
1. Marque con una X si lee: A) libro, B) artículo de periódico, C) artículo de revista, D)una consulta personal
2. Llene semanalmente la ficha a mano, con letra clara y con ortografía
3. Entregue las fichas a su profesor(a)

</td></tr>
<tr><td>

Datos del documento leído (libro, artículo, consulta)
Autor:
Título:
Ciudad   Editorial   Año   Sección   Página(s)
Lugar donde se encuentra el documento:
Elabore la ficha llenando cada uno de los aspectos que ella pide:

</td><td>

Fecha ___________________
Motivo de la lectura:
Asignatura:
Profesor que acompaña:
Valoración: E –S- A I - D

</td></tr>
<tr><td>

1. ¿Qué dice el texto? Interpretación: lo literal

</td><td rowspan="2">

B. Hacer un dramatizado, una telenovela, un programa de televisión con base en la lectura realizada. Hacer el libreto correspondiente, seleccionar los personajes, buscar las locaciones propias y los ambientes que exigen el texto. Tenga en cuenta el equipo de trabajo.

</td></tr>
<tr><td>

2. *¿Qué más sabe sobre lo que dice el texto?* Argumentación: lo inferencial

</td></tr>
<tr><td>

3. *¿Cuál es su opinión sobre el texto leído?* Proposición: lo crítico - intertextual

</td><td>

8. *Los textos ciegos:*
Llene los espacios del texto dado por su docente. Recuerde que en el blanco debe ir la palabra precisa (conectores, verbos, preposiciones, conjunciones, sustantivos, adjetivos, adverbios…). Luego compare sus respuestas con sus compañeros y además, compárenlas con el texto original.

</td></tr>
</table>

4. *Saque una lista de palabras claves*: dé sus significados

a.	e.
b.	f.
c.	g.
d	h.

5. *Publicidad*: haga un aviso publicitario, (valla, cartel, pancarta) promocionando el texto leído.

6. *Radiolectura*

Leer individual y colectivamente el texto como si lo estuvieran haciendo en un estudio de radio, como en una *radionovela*.. Con sus compañeros organicen los efectos de sonidos, música, ruidos, las diferentes voces, según los personajes del texto. Los estudiantes se organizan para escuchar la *radiolectura* de cada grupo. Antes de leer, hacer ejercicio de voz (vocalización, entonación), como un calentamiento.

Grabar el programa radial en un casete. Recuerde tener en cuenta al equipo de trabajo (director, personajes, jefe de sonido…)

7. *Telectura*

A. Leer individual y colectivamente el texto como si lo estuvieran haciendo en un *telenoticiero*. Con sus compañeros organicen todo el montaje de un telenoticiero con base en la lectura realizada. Elaboren el guión correspondiente, las secciones, el tiempo de cada sección, la pauta comercial según el horario del Telenoticiero. Siempre antes de leer hacer ejercicios de voz. Filmar el trabajo. Tener en cuenta el equipo de trabajo de un telenoticiero.(director, periodistas…)

9. *Subrayar en el texto leído:*

a. los pasajes que más me llamaron la atención, aquellos" que me atraparon", " me agarraron de una " (A)

b. aquello que dé respuesta a una inquietud personal (B)

c. aquello que más me gustó porque está bien escrito (C)

d. aquello que contiene un pensamiento, una frase, una reflexión que me interesa poner en práctica en mi vida. (D)

e. aquello que me hizo salirme del texto para relacionarme con algún pasaje de mi vida o de la vida de un familiar o amigo. (E)

f. aquello que dé respuesta a la pregunta, *¿ qué aprendí con lo que leí?*

10. *El ficcionario*

Invente diez (10) o más palabras, con base en la lectura, y proponga el significado para cada término. Recuerde que estas palabras *no están en el texto*: usted las crea. Por ejemplos:

a.	palabras dulces:	i.	palabras mágicas.
b.	palabras agrias:	j.	Palabras tiernas:
c.	palabras sonoras:	k.	Palabras fuertes:
d.	palabras flacas:	l.	Palabras chéveres:
e.	palabras gordas:	m.	Palabras responsables:
f.	palabras amorosas:	n.	Palabras chistosas.
g.	palabras tristes:	o.	Otras palabras:
h.	palabras bufonas:		

Apreciado (a) estudiante: Nunca deje de leer. Leer es vivir. Autoevalúese constantemente sobre cómo van sus avances en lectura. Así como se adopta un hijo, un árbol, una mascota, ¡ adopte un libro!

- Lo fundamental es que la biblioteca se convierte en un espacio vivo para la lectura, allí los libros tienen vida, huelen a historia y fantasías.
- Lo que falta por hacer con esta propuesta se espera concretar en procesos posteriores.
- Es una estrategia más para la solución de problemas de lectura, planeada o por ensayo y error, y que invita a aportar otras inquietudes al respecto.
- Los estudiantes sí leen; hay que crearles ambientes de aprendizaje propicios para tal fin. En la población infantil y juvenil está la mayor parte de receptores de la lectura. Hagamos de la institución y su biblioteca, un templo alegre y recreativo para leer.
- Hay un plan nacional de lectura y los maestros podemos hacer grandes aportes. Promovamos el gusto por la lectura.

Reflexión

¿Sabe usted cuántas funciones intelectuales del cerebro se activan cuando se ve televisión, se escucha radio y se lee? Televisión: 5. Leve capacidad de memoria.

Leve capacidad de asociación.
Leve capacidad de anticipación.
Leve capacidad de retención.
Excitación simple de los sentidos primarios.
Radio: 28
Lectura: ¡Todas! Son cincuenta y seis (56) en total.
¿Cuánto tiempo le dedica a la televisión?

Taller 11: Evaluación de la lectura

Objetivo:

Plantear algunas estrategias para alcanzar resultados sobre la promoción de la lectura.

Lo primero que hay que evaluar es el resultado de las estrategias que diseñó cada docente en su área para lograr un mejor nivel de lectura en sus estudiantes. Pero antes de entrar en el proceso de la evaluación es conveniente dar pautas acerca de qué es una estrategia, cómo se compone, cuáles son sus actividades, quiénes la diseñan.

Estrategia: Reflexión, diseño, planeación de una serie de actividades sistemáticas. Es un conjunto de actividades planeadas por maestros, estudiantes, padres de familia. Estas actividades apuntan a lograr unos objetivos. En el caso de la lectura, el objetivo general es promover el gusto por ella. A partir de ese objetivo se deben generar unos específicos. Los objetivos planteados se pueden revisar y variar según la dinámica de la estrategia. Estos se fundamentan en el conocimiento que el maestro tenga de la lectura. Todas las actividades de la estrategia deben dirigirse al objetivo general, por tanto, la estrategia debe ser sólida, fundamentada.

Las estrategias surgen de las necesidades, intereses y expectativas de maestros y estudiantes.

Para diseñar la estrategia es necesario conocer el estado lector en que se encuentra el estudiante, y tener en cuenta que este proceso lector es de nunca acabar. Así, entonces, las actividades que se plantean buscarán cada día mejorar la capacidad lectora del estudiante.

Para desarrollar una estrategia se necesitan buenos materiales que respondan a la exigencia de la estrategia. En el caso de la lectura los materiales serán textos de alta calidad, carteleras, la biblioteca como un espacio generador y promotor de lectura. Recordemos que el maestro y el bibliotecario son los primeros promotores de lectura en la escuela.

Se deben intercambiar las experiencias según las diferentes áreas del currículo al aplicar estrategias que propendan por la promoción y el gusto por la lectura. Esa interacción permite la participación y el enriquecimiento de una estrategia de aula y la gran estrategia institucional.

De acuerdo con lo anterior, ahora sí analicemos los pasos de la evaluación de la lectura.

El maestro debe tener en cuenta la edad del estudiante lector, y su madurez intelectual y emocional; lo que el estudiante conoce sobre el tema que lee, el texto al cual se enfrenta, la funcionalidad que el texto tiene para la persona que lee, la interpretación personal que el estudiante hace de la lectura.

Es importante tener en cuenta los objetivos de la lectura, pues no es lo mismo una lectura de una novela a una lectura de una obra documental. Estos objetivos el maestro los debe dar a conocer y consultarlos a los estudiantes para evitar que unos sí los logren y otros no. La evaluación de la lectura debe entenderse como es su aprendizaje: un proceso continuo. El evaluador no es sólo el maestro, también *deben participar los padres de familia y los estudiantes.*

Muchos maestros han *acabado lectores* con análisis fijados por los objetivos del profesor, y nunca pensando en los objetivos de los estudiantes. Por eso es que en la mayoría de los casos el estudiante está pensando en el trabajo que tiene que hacer sobre la obra que pensando más bien en lo importante que es gozar de la lectura.

Se propone la siguiente estrategia para evaluar la obra literaria:

1. Reflexión: Queremos verificar si la obra fue bien asimilada por los lectores.

2. Objetivo general: Promover el gusto por la lectura y el uso del texto escrito en el aula y fuera de ella.

3. Objetivos específicos:
   3.1. Demostrar la importancia del libro.
   3.2. Descifrar el enigma que presenta el cuento.
   3.3. Determinar qué acciones de las que aparecen alrededor de la obra se vivieron o experimentaron al leer el cuento de Kafka.
   3.4. Propiciar un ambiente de diálogo entre los estudiantes en torno de las búsquedas de los elementos dados para vivir la obra.

4. Actividades:
   1. Lectura silenciosa del documento sobre la importancia del libro.
   2. Lectura oral (comentarios) de este documento (grupos).
   3. Lectura silenciosa del cuento Un fratricidio, de Franz Kafka.
   4. Comentario sobre el mismo (abierto).
   5. Lectura silenciosa sobre cuáles de estos aspectos se vivieron o experimentaron al leer la obra.
   6. Asociar la historia con experiencias reales.

5. Materiales:
   1. Documentos sobre el libro.
   2. Documentos sobre el cuento tratado.
   3. Otros, los que sean necesarios.

Conclusión: El maestro analizará el desarrollo lector del estudiante con base en: comprensión, interpretación, análisis, síntesis, la actitud frente a la obra, y otros aspectos que él estime conveniente.

Primera fase del taller sobre evaluación de la obra literaria

¿Qué nos aporta el libro?

Libro

Libera la creatividad

Da confianza

¿Qué más nos aporta el libro?

Nos muestra el presente

Facilita la inserción social

Permite vislumbrar el futuro

Despierta la memoria de la humanidad

Anima la personalidad

Trasmite experiencias vivencia

Da acceso al conocimiento

de las técnicas

Despierta la curiosidad

Despierta la imaginación

Explica cuestiones

existenciales de nuestro sentido de lo real

Segunda fase del taller
sobre la evaluación de la obra

Lea en forma silenciosa el cuento.

Un fratricidio
De Franz Kafka

El asesinato, según se comprobó, tuvo lugar de la siguiente manera:

Schmar, el asesino, se acostó hacia las nueve de la noche -una noche de luna-, en el cruce de la calle donde se encuentra la oficina de Wese, la víctima, y la calle donde éste vivía.

A pesar del frío nocturno, Schmar sólo vestía un delgado traje azul, y llevaba la chaqueta desabrochada. No sentía frío; por otra parte, estaba todo el tiempo en movimiento. Su mano apretaba la empuñadura del arma del crimen, una mezcla de bayoneta y cuchillo de cocina, con la hoja desnuda. Miraba el cuchillo a la luz de la luna; la hoja resplandecía, pero no lo suficiente para Schmar; la golpeó contra el suelo hasta sacar chispas; se arrepintió de ese impulso y, para reparar el daño, la pasó como el arco de un violín contra la suela de su zapato, sosteniéndose sobre una sola pierna, inclinado hacia adelante, atento a la vez al sonido del cuchillo contra el zapato y al silencio de la fatídica callejuela.

¿Por qué no hizo nada el señor Pallas, que a poca distancia de allí lo vio todo desde su ventana del segundo piso?

Es un misterio. Con el cuello alzado, su corpachón enfundado en el batín, meneando la cabeza, miraba hacia abajo. Y a cinco manzanas de distancia, del otro lado de la calle, la señora Wese, con el abrigo de piel de zorro sobre el camisón, miraba también por la ventana, esperando a su marido, que tardaba más de lo habitual.

Finalmente sonó la campanilla de la puerta de la oficina de Wese, demasiado fuerte para tratarse de la campanilla de una puerta; resonó por toda la cuidad, y Wese, el esforzado trabajador nocturno, salió, todavía invisible, del edificio, anunciando sólo por la campanilla. Sus pasos tranquilos resuenan sobre la acera.

Pallas se asoma todavía más, no quiere perderse ningún detalle. La señora Wese, tranquilizada por el sonido de la campanilla, cierra ruidosamente la ventana. Schmar se arrodilla; como no tiene ninguna otra parte del cuerpo descubierta, sólo apoya la cara y las manos contra las piedras; en medio del intenso frío, Schmar está ardiendo.

Al llegar a la esquina de ambas calles, Wese se detiene, sólo el bastón en que se apoya asoma. El cielo nocturno lo atrae, el azul oscuro y las estrellas. Lo contempla directamente, se levanta el sombrero y se atusa el cabello; allá arriba ninguna conjunción astral le advierte su inmediato futuro; todo sigue en su insensato, inescrutable lugar. Parece de lo más razonable que Wese siga su camino, sin embargo va hacia el cuchillo de Schmar.

¡-Wese! -grita Schmar, con el brazo extendido y el cuchillo en alto-. ¡Wese! Julia te espera en vano.

En el lado derecho del cuello, en el izquierdo, y finalmente en el vientre, hasta la empuñadura, hunde Schmar su puñal. Las ratas de agua hacen, cuando las rajan, un ruido semejante al que hace Wese.

-Ya está -dice Schmar, y tira al suelo el cuchillo, esa superflua carga ensangrentada-. ¡Extasis del crimen! Alivio, sensación de alas que el fluir de la sangre ajena nos provoca. Wese, vieja sombra nocturna, amigo, compañero de cervecerías, te desangras en el oscuro pavimento de la calle. ¡Por qué no serás una simple vejiga llena de sangre, para que yo me suba sobre ti y te haga desaparecer totalmente! No todos los deseos se cumplen; no todos los sueños que florecen dan fruto; tus restos yacen aquí, indiferentes ya a cualquier golpe. ¿De qué sirve esa muda pregunta que a través de ellos nos formulas?

Pallas, intentado controlar el terror que lo sacude, aparece en la puerta de su casa, abierta a ninguna conclusión.

-¡Schmar! ¡Schmar! Lo he visto todo.

Pallas y Schmar se observan mutuamente, lo cual tranquiliza a Pallas; Schmar no llega a ninguna conclusión.

La señora Wese, en medio de una muchedumbre, se acerca corriendo, con rostro desencajado por el terror. El abrigo de piel se abre; la mujer se arroja sobre Wese, a quien ese cuerpo envuelto en un camisón pertenecía; el abrigo de pieles que cubre al matrimonio, como césped de una tumba, pertenece a la multitud.

Schmar, conteniendo con dificultad las náuseas, apoya la boca sobre el hombro del policía que silenciosamente se lo lleva.

Quiero cerrar este capítulo de la lectura con las palabras de Ítalo Calvino quien dice que:

Cuando vayas a leer:
...relájate, recógete, aleja de ti cualquier otra idea, deja que el mundo que te rodea se esfume en un instante, adopta la postura más cómoda, sentado, tumbado, acostado de espaldas, boca abajo, en un sillón, en un sofá, en la mecedora, en la tumbona, sobre la cama, naturalmente dentro de la cama; también puedes ponerte boca abajo, en postura de yoga, con el libro invertido; tener los pies altos es la primera condición para disfrutar de la lectura. Regula la luz de modo que no te fatigue la vista, hazlo ahora, porque en cuanto te hayas hundido en la lectura ya no habrá ninguna otra forma de moverte. Hay una ceremonia, indudablemente, un recreamiento".

Tercera fase del taller sobre la evaluación de la obra
¿Cuáles de estas sensaciones experimentó cuando leyó el cuento?

Espacio... lo decora
Tiempo... lluvia - sol - calor - noche...
Personajes... los describe

¿Qué otras sensaciones experimentó?

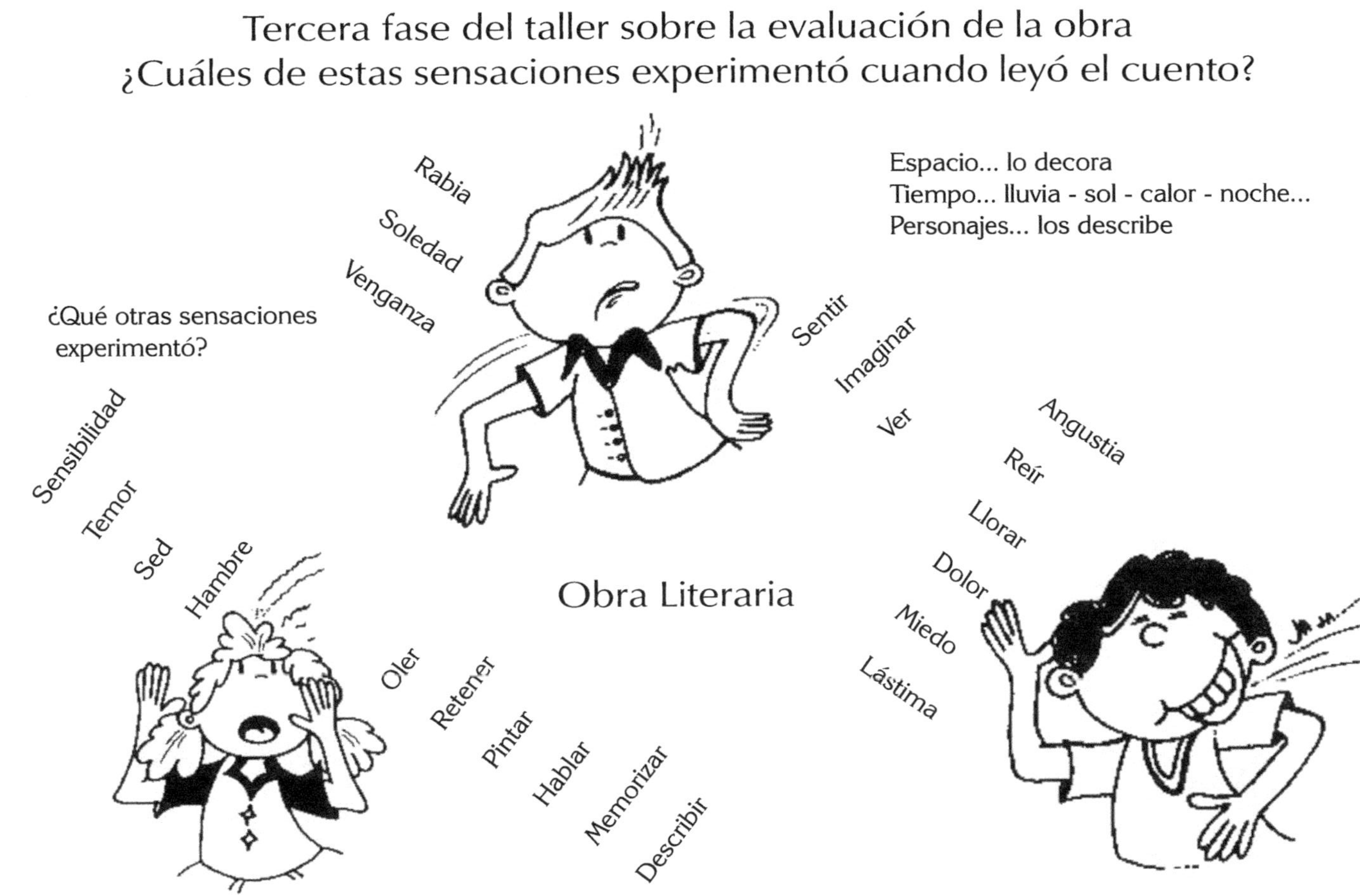

Capítulo 5

Expresión oral

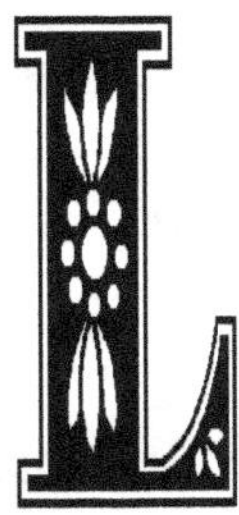 a escritura y la lectura deben preparar al estudiante para que opine ya que ésta le da imaginación, vocabulario, temas, conocimiento. La lectura desarrolla el sentido crítico del lector desde el mismo momento en que él evalúa el libro. Un libro debe ser la base para un agradable encuentro y dialogar en una mesa redonda, en un foro, en un debate sobre la obra y el autor o sobre el tema del libro. Recordemos que las habilidades comunicativas están relacionadas. Si tenemos un estudiante que habla bien y es un buen lector, estaremos orgullosos de participar en la búsqueda de la calidad de la educación a partir de la lectura. El estudiante de bachillerato se apresta a entrar a otro mundo académico que le va a exigir calidad lectoescritora, y como consecuencia de ello, calidad oral y de escucha. Por eso este capítulo, porque la lectura contribuye al mejoramiento de la expresión oral ya que ella se enriquece mucho comentándola, viviéndola oralmente.

> ## Reflexión
>
> *¿Recuerda cómo aprendió a conocer los cuentos?*
> *¿Fue por la lectura oral?*
> *¿Hoy en día lee textos literarios a sus estudiantes?, ¿a sus hijos?*
> *¿Cómo participan ellos oralmente?*
> *¿Qué tal es la actitud auditiva de los estudiantes cuando alguien lee?*
> *¿Cómo demostrar que la cultura del libro es un proceso?*

Una buena estrategia para la solución del problema tratado es el correcto manejo del párrafo. Si hay esta carencia, las fallas son grandes. En algunas instituciones donde se han dictado talleres que hacen parte de este texto, un coordinador planteó, "Todos los estamentos a utilizar bien el párrafo". Interesante propuesta interestamental.

Pero, ese párrafo, especialmente el deductivo (oración directriz al comienzo) no sólo tiene su uso en forma escrita. Ya se afirmaba que este problema de la lectoescritura tiene sus apéndices, y uno de ellos es la pobreza en la expresión oral.

Es fácil demostrarlo: si no hay escritura, no hay lectura, no hay riqueza lexical, y el individuo no puede sostener una conversación cara a cara o por teléfono. Entonces, estaremos ante estudiantes que en treinta segundos le pretenden resumir o relatar la Odisea, Cóndores no entierran todos los días, los problemas del país... Y como docentes nos quejamos del porqué el estudiante no habla, no pasa adelante a exponer ideas con personalidad, coherencia, sonoridad, no habla sobre lo que escribió en la clase o sobre lo que escuchó...

Debemos hacer de la expresión oral un acto lúdico, y para ello debemos crear heurísticas que conduzcan a abolir ese miedo, ese fantasma de la expresión oral individual.

De ahí que el párrafo también debe ser clave en la narración oral o cuentería. Como también es importante para que el estudiante sea coherente, persuasivo y profundo. La experiencia ha demostrado que el estudiante encuentra en la oralidad una gran ayuda para la vida, a pesar de algunos inconvenientes para muchos de ellos al comienzo. La clave es que el maestro irradie y dosifique unas propuestas que animen al individuo para que él se sienta motivado para hablar en público, demostrando que hacerlo en ningún instante es un problema.

Se proponen solamente unos modelos o propuestas que han dado extraordinarios resultados. Usted, entusiasta lector, puede sugerir otros.

Taller 1: Improvisación

Objetivo

Aplicar la técnica oral de la improvisación con base en el manejo del párrafo lógico-deductivo partiendo de un proceso difícil-fácil.

El estudiante tiene que prepararse desde preescolar y primaria para hablar de determinado asunto, en determinada circunstancia o lugar con cualquier persona. Eso es estudiar para la vida. De ahí que esta prueba es de mucho cuidado y planeación por parte del educador (enfoque algorítmico). Se proponen los siguientes pasos que se deben desarrollar de acuerdo con el nivel escolar del educando:

- Dar las pautas y los objetivos al iniciar el período o semestre (recordemos que el estudiante debe conocer la programación de cada una de las áreas).
- Aplicarlo en cada clase con cinco (5) estudiantes. Al terminar el período han pasado todos.
- Llamar al azar a determinado estudiante (es improvisación).
- Como usted dio unas pautas y usted está informado acerca de los intereses de sus estudiantes, dígale a su estudiante que le hable (objetivamente y siguiendo las pautas del párrafo deductivo: introducción, nudo, desenlace) sobre la noticia local, nacional, internacional del día, de la semana... Propóngase un tema, o idea, o frase, o dibujo para que analice esa información que usted ha dado a esa ilustración que se le ha sugerido. Pídale un punto de vista lo más objetivo posible. Se supone que usted le puede refrescar esa idea, tema o frase con ejemplos; igual se puede hacer con el dibujo o afiche. Usted sabrá qué evalúa: narración, análisis, síntesis, memoria, interpretación, explicación, coherencia, ritmo, agradabilidad...
No permita que el estudiante escriba en el tablero o en carteleras, ya que está en una actividad eminentemente oral.
- Puede darle 30 segundos para que el estudiante se ubique (recuerde que es frente al público, usted está entre el público, el auditorio escucha).
- Tome el tiempo a partir del momento en que el estudiante inicia su tiempo correspondiente (un minuto, dos minutos, tres minutos). Lo importante es que se maneje algorítmicamente el tiempo al igual que los pasos: mismos pasos y tiempo para todos.
- Tenga en cuenta que lo primero que el estudiante debe afirmar es la oración directriz, luego el contenido y por último, la conclusión.
- Cuando al estudiante le falten treinta (30) segundos para llegar al ciclo final de su tiempo y de su intervención, dele una señal para demostrarle que puede concluir. Él ya sabe cuáles son los términos

claves para finalizar (por consiguiente, en conclusión, en resumidas cuentas, ya para finalizar...). Puede concluir antes del tiempo estipulado, la meta es que no se pase del tiempo fijado por el profesor.

- Evalúe delante del público: su voz, su entonación, su postura, su ánimo, su seguridad, su naturalidad, su agradabilidad, el párrafo, contenido, coherencia, léxico, interés del público, y sobre todo, que el estudiante haya manejado el aspecto comunicativo es decir, el hecho de hacerse entender adelante.
Es importante que la nota sea autoevaluativa.

Esta clase-taller crea expectativa. De ella surgen grandes habladores, improvisadores, tertuliadores, y se forman los posteriores expositores, discutidores (panelistas, ponentes, debatientes...), los cuenteros y teatreros. La actividad, nos llama a estar informados, a jugar con los intereses del grupo de estudiantes. Nunca un estudiante improvisará sobre los aspectos científicos del transbordador. Propóngale interactuar con su mundo, su entorno, su realidad. Recuerde que esta es una actividad comunicativa, luego, lo que se persigue es que el individuo haga suyos los diferentes usos de las palabras. Cada persona es una subjetividad. El educador encontrará detallismo, espontaneismo, humorismo.

¿Por qué la improvisación? Porque sin darnos cuenta todos los días estamos utilizando esta técnica cuando hablamos. Por ejemplo, al hablar sobre una película, decimos lo esencial, lo que más nos ha llamado la atención de ella.

El objetivo de la improvisación es salir al paso ante situaciones no previstas y no fácilmente previsibles.

Por eso se necesita como recurso la agilidad mental para resolver sin interrumpirse, sin alterarse, exponiendo el hecho, con palabras y mensajes coherentes, centrado en uno o dos puntos concretos sobre el tema.

¿El público está de acuerdo con lo que dice el improvisador? Unos sí, otros no; lo importante es que la intervención produzca efectos en el auditorio.

En términos generales, improvisar es decir con palabras no previstas conceptos e ideas. Y esta técnica aporta valiosos elementos al individuo para ayudarle a su información, y si se ejercita, obtendremos extraordinarios resultados como consecuencia de contar con estudiantes lectores y escritores.

Reflexión:

¿Por qué algunas personas conversan más con determinadas personas?
¿Quiénes son sus compañeros de tertulia?
¿Cada cuánto se reúnen y sobre qué hablan?
¿Cuáles son las funciones del lenguaje?

Taller 2: Autotemas

Objetivo

Reforzar el proceso anterior con otro esquema teniendo en cuenta el gusto individual de los estudiantes.

Esta propuesta, como su nombre lo indica, es consecuencia de la anterior, porque, el individuo por sí solo, organiza y planea algo que va a disertar. Si se desempeñó bien en el primer esquema, estará en condiciones para asumir cualquier reto que tenga que ver con hablar en público, y dar muestras del uso correcto del párrafo en forma oral.

- Disponga de más tiempo para que el estudiante hable (se debe aumentar progresivamente en cada período o semestre).
- La pauta sigue siendo el párrafo en alguna de sus formas, básicamente el deductivo (oración directriz al comienzo).
- El estudiante sabe cuándo le corresponde pasar adelante (cinco estudiantes por clase). El maestro con anticipación informa quiénes son los de cada sesión.
- El maestro dice "hable sobre lo que a usted le gusta".
  Entonces, el estudiante debe preparar un tema de su agrado, que lo comprenda fácilmente, y si es posible, hacer una ficha esquemática y disertar sobre el tema en el tiempo que se ha acordado para el período. El estudiante organiza su tiempo, él mismo calcula cuando concluir procurando cumplir con las pautas establecidas.
- No se permite escribir en el tablero, ni en carteleras ni en papelógrafo.
- El objetivo es que todo el curso se informe de algo nuevo, que se aprenda algo bien estructurado en cada clase.
- Los criterios de evaluación pueden ser más exigentes teniendo en cuenta que el estudiante tuvo tiempo de consultar el tema para su

disertación, y por supuesto, nadie habla sobre algo que no le guste, ni sobre algo que no se conoce.

- Es conveniente velar por una mayor coherencia y mayor riqueza lexical.
- El estudiante debe citar la fuente de su consulta.
- En lo posible tener en cuenta la autoevaluación según el proceso del educando.

Taller 3: La entrevista improvisada

Objetivo
Fomentar el intercambio de ideas con base en el diálogo.

Esta técnica también es consecuencia de las dos anteriores. Ya el estudiante está mejor preparado y proyectado hacia nuevas formas de enriquecer su autoestima, su lenguaje y sus conocimientos. Con esta propuesta se trabajan habilidades del lenguaje como conversar y escuchar. Recordemos que los programas los hace el maestro y su departamento o área de acuerdo con el proceso y sus resultados. Luego, el trabajo es interdisciplinario.

Esta propuesta vuelve a jugar con elementos de la primera. Las pautas son:

- Aumente el tiempo (en cada clase trabaje con tres parejas).
- Al azar se seleccionan dos estudiantes; uno de ellos, al azar, es el entrevistador y el otro el entrevistado.
- El profesor sugiere al entrevistador un tema o idea de interés para todos.
- El maestro da un tiempo de treinta segundos con el fin de que los estudiantes comenten algunas cosas para tratar en la entrevista.

- La gran responsabilidad de la actividad recae sobre el entrevistador. Si éste no habla, si hace preguntas huecas, si no tiene coherencia, si hace preguntas que ya fueron respondidas con anterioridad, el entrevistado le puede exigir mayor calidad en sus cuestionamientos.
- Si el entrevistado no entiende la pregunta, debe exigir mayor claridad.
- El entrevistador debe formular en el tiempo establecido, mínimo cuatro preguntas interesantes, que exijan respuestas de análisis y reflexión.
- El entrevistador calcula cuándo puede concluir.
- Siga el esquema de la autoevaluación.

Estas etapas del proceso de expresión oral individual y por binas prepara a un individuo, ahora sí, para foros, debates, mesas redondas, paneles, entrevistas a personajes, encuestas callejeras, y los fortalece para cualquier otra forma de comunicación oral.

La riqueza formativa y expresiva del estudiante hacen que este protagonista del aprendizaje esté informado con lo que ve, escucha, lee o escribe. Estamos formando personas para la vida y estas son maneras de correlacionar el asunto de la lectoescritura con la expresión oral. Cada docente hará las innovaciones correspondientes a cada una de estas propuestas, las acomodará a su grupo y descubrirá resultados.

Reflexión

¿Las ciencias humanas permiten imprecisiones?
¿Qué hacemos cuando un estudiante nos dice cualquier
cosa y nos plantea que ese es su punto de vista?
¿Aprender a hablar se aprende hablando?
Practique la técnica del seguimiento de instrucciones:
desarrolla procesos mentales

Otros talleres

Objetivo

Desarrollar habilidades para expresar ideas en forma oral utilizando las técnicas del párrafo.

Actividades

- Preguntas sobre un texto leído.
- Síntesis o resumen de un texto leído.
- Expresar las ideas principales de un texto leído.
- Expresar las ideas secundarias de un texto leído.
- Hablar o discernir sobre un conflicto que plantea el autor en su libro. Salirse del libro, extrapolar.
- Crear hipótesis sobre algún planteamiento del texto, distinguir entre lo verdadero y lo falso y dar soluciones.
- Utilizar la teoría de los seis ("si" esto no hubiera sucedido, ¿qué hubiera pasado?). Ello permite el análisis, la interpretación y la explicación. Se juega con lo inductivo-deductivo y viceversa.

Con base en la lectura del periódico:

- Discutir el artículo leído, la relación título-contenido y otros aspectos.
- Sugiérale a los estudiantes que comenten el material fotográfico, que resalten las cosas positivas y negativas de determinadas fotos.
- Organice discusiones sobre la publicidad del periódico, por ejemplo, que analicen el papel de la mujer en la publicidad.
- Comente con sus estudiantes los suplementos o magazines dominicales, las tiras cómicas, las separatas, los indicadores económicos, las caricaturas y otros aspectos que considere de interés para todos.

- Componga con sus estudiantes, de manera colectiva, relatos orales. Usted puede iniciar la historia y consecutivamente, cada estudiante la continúa hasta lograr un final. Comenten el final, quién enredó más la historia, cómo se presentan los personajes... Recuerde que con esta actividad se está trabajando, paralelamente, la atención, la concentración, el aspecto auditivo y otros. Fomente el trabajo en equipo.
- Saquemos los foros, las mesas redondas, los debates, los paneles y otras técnicas de expresión oral en grupo, hacia la comunidad, hacia intercolegiados. Los grupos ya maduros deben hacer encuestas callejeras para así enfrentarse a personas extrañas en su proceso comunicativo. Los niños pueden organizar unas elecciones, un senado, una asamblea constituyente, una sesión de la ONU, un foro sobre derechos humanos, sobre la educación, las necesidades de su comunidad, la televisión... Aprende a aceptar la idea del otro.
- Con base en la técnica del párrafo, el estudiante debe tener habilidad de asociar imágenes de manera global y relatar la historia muda que allí se plantea. Así como en los talleres de redacción, maneja los mapas o redes conceptuales (sinópsis), de igual modo, en forma oral lo puede hacer.
- Propóngale que asocie imágenes y palabras con fichas: unas tienen imágenes y otras tienen palabras. El estudiante debe establecer, coherentemente, la relación entre ellos. Lo mismo se puede hacer con frases y dibujos.
- Sugiérale al estudiante que comente las consignas, carteles y graffitti que ve o mira en la calle.
- En las jornadas culturales se deben programar muestras de oratoria, improvisación... Las propuestas no se deben quedar simplemente en el salón.

Hay otras actividades orales que dan el resultado de una buena lectura y escritura. Pongámoslas en práctica para mejorar la calidad de la educación a partir de una muy buena lectoescritura.

Taller final: ordenamiento de imágenes

Objetivo

Organizar visualmente las imágenes para hacer una narración oral.

La experiencia ha demostrado que hay personas muy concretas, mientras que otras, son muy literarias, adornan la historia, le incorporan nombres propios, narran con suspenso y emoción. Observe imágenes.

Las preguntas son:

¿En qué consiste la historia?
¿Cuánto tiempo gastó en ordenarlas?
¿Le sirvió la técnica del párrafo?
¡Bravo, campeón!

Bibliografía

Escritura

RGOS, *Gazaperas gramaticales.* Medellín: Colección de periodismo, Universidad de Antioquia, 1991.

BANDET, Jeanne. *Aprender a leer y escribir.* Barcelona: editorial Fontanella, 1982.

BETTELHEIM, Bruno. *Psicoanálisis de los cuentos de hadas.* Barcelona: Editorial Crítica, Grupo editorial Grijalbo, 1981.

CASSANY, Daniel. *Describir en escribir.* Barcelona: editorial Paidós.

CASTAÑEDA, A. Alba. *Relaciones entre las estructuras lógicas elementales y la construcción de los procesos de lectura y escritura.* Bogotá: Universidad Externado de Colombia, 1986.

CORRIPIO, Fernando. *Diccionario práctico de incorrecciones, dudas y normas gramaticales* (Larousse). Santafé de Bogotá: Círculo de lectores, 1988.

EL ESPECTADOR, Santafé de Bogotá.

FERREIRO, Emilia. Teberosky, Ana. *Los sistemas de escritura en el desarrollo del niño*. México: Siglo XXI editores, 1979.

FERREIRO, Emilia. Gómez, P. Margarita. *Nuevas perspectivas sobre los procesos de lectura y escritura*. México: Siglo XXI editores, 1982.

MAYO, W. J. *Cómo leer, estudiar y memorizar rápidamente*. Bogotá: Círculo de lectores, editorial Playor, 1980.

ORTEGA, P. Esteban. *Etimologías, lenguaje culto y científico*. México: editorial Diana, 1993.

VIVALDI, Martín G. *Curso de redacción*. Madrid: Paraninfo S. A.

CHEYNEY, Arnold, B. *La enseñanza de la lectura por el periódico*. Madrid: editorial Cincel, 1982.

Lectura

BAMBERGER, Richard. *La promoción de la lectura*. Unesco, Barcelona: 1975

BARAHONA, Abel. *Lectura rápida*. Bogotá: IPLER.

BETTELEHEIM, Bruno. *Psicoanálisis de los cuentos de hadas*. Barcelona: Editorial Crítica, Grupo editorial Grijalbo, 1981.

BETTELEHEIM, Bruno. Zelan, Karen. *Aprender a leer*. Barcelona: edit. Crítica, 1983.

BOURNEUF, Denise. Paré, André. *Pedagogía y lectura*. Bogotá: Procultura-Cerlalc, Kapelusz, 1983.

BRASLAVSKY, Berta. *La lectura en la escuela*. Buenos Aires, Edit. Kapelusz, 1983.

CARBONEL, R. G. *Lectura rápida para todos*. Madrid: Edat.

CHARRIA DE ALONSO, M. Elvira. González, G. Ana. *Hacia una nueva pedagogía de la lectura*. Bogotá: Procultura-Cerlalc, 1993.

CHEYNEY, Arnold. *La enseñanza de la lectura por el periódico*.

Madrid: edit. Cincel, 1982.

DIAZ, Aurora. *La lectura*. Barcelona: edit. Fama.

El Espectador, *Magazín Dominical* No. 474., Bogotá: mayo 24/92.

El Tiempo. *Lecturas Dominicales*. Bogotá: febrero 28/93.

FERNANDEZ, Humberto. *Lectura rápida*. Bogotá: edit. Espiga Dorada.

FERREIRO, Emilia. Gómez, P. Margarita. *Nuevas perspectivas sobre los procesos de lectura y escritura*. México: siglo XXI editores, 1982.

Guía de lectura para maestros y padres de familia. Bogotá:

Alcaldía Mayor, Corporación Bogotá Cultural.

HAZARD, Paul. *Los libros, los niños y los hombres*. Barcelona: edit. Juventud, 1977.

MAYO, W. J. *Cómo leer, estudiar y memorizar rápidamente*. Bogotá: Círculo de lectores, Edit. Playor, 1980.

MIALARET, Gastón. *El aprendizaje de la lectura*. Madrid: edit. Morava, 1979.

PATTE, Genevieve. *Si nos dejaran leer.* Bogotá: Procultura-Cerlalc-Kapelusz, 1984.

SIMITH, Frank. *La comprensión de lectura*. México: edit. Trillas.

STAIGER, Ralph. *Caminos que llevan a la lectura*. París: Unesco, 1979.

Lectoescritura

AKMAJIAN, Adrian. *Lingüística: una introducción al lenguaje y la comunicación*. Madrid: Alianza editorial, 1984.

BOMBOIR, A. *Una pedagogía para mañana*. Madrid: editorial Moratá, 1979.

CHARRIA DE ALONSO, María. González, G. Ana. *Hacia una nueva pedagogía de la lectura*. Bogotá: Procultura-Cerlalc, 1993.

FERREIRO, Emilia. Teberosky, Ana. *Los sistemas de escritura en el desarrollo del niño*. México: Siglo XXI editores, 1979.

FUENTES, Juan Luis. *Comunicación*. editorial Madrid: 1980.

GALVIS, P. Alvaro. Mariño, D. Olga. *Plan piloto de informática educativa para educación secundaria (usos educativos del computador)*. Bogotá: Universidad de los Andes.

GALVIS, P. Alvaro. *Teorías de aprendizaje como sustento al diseño y evaluación de ambientes de aprendizaje*. Bogotá: Universidad de los Andes.

______________. Memorias *Primer congreso nacional de lectura:* Bogotá: Fundalectura, 1993.

______________. Real Academia Española. *Diccionario de la Lengua Española*. Madrid: Espasa Calpe, S. A., 1984.

______________. Revista Informativa educativa No. 1, volumen 4. Bogotá: Universidad de los Andes - Colciencias, 1991.

TORO, José B. *Decisiones para el éxito escolar*. Bogotá: Fundación social, 1993.

El autor

Armando Montealegre A

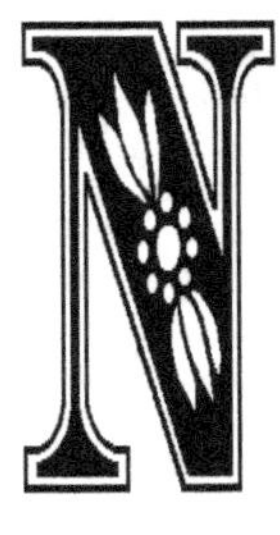 ació en Girardot -Cundinamarca-. Estudió Filología e Idiomas en la Universidad Nacional, Especialización en Docencia Universitaria, Universidad El Bosque, Maestría en Docencia, Universidad de La Salle. Premio Nacional de Pedagogía Fundación Santillana, Lectura, tarea de todos (2000). Ha publicado artículos en periódicos y revistas nacionales. Conferencista, tallerista en eventos nacionales. Autor de las siguientes obras, *Sietemaravillas* (novela juvenil), *El alegre expreso de Navidad* (novela infantil), *Comunicación y técnicas docentes: desarrollo de competencias comunicativas* (coautor), *Cuentos con sabor a río*. Profesor universitario y de la Secretaría de Educación de Bogotá.

MAGISTERIO